W0086300

PAUL KUHN
Swingende Jahre

Der Mann am Klavier erzählt seine
Lebensgeschichte

Aufgezeichnet von Erich Schaake

BASTEI
LÜBBE

BASTEI-LÜBBE-TASCHENBUCH
Band 61 140

Erstveröffentlichung
Copyright © 1988 by Autor und
Dörnersche Verlagsgesellschaft mbH, Reinbek
Lizenzausgabe: Gustav Lübbe Verlag GmbH, Bergisch Gladbach
Printed in West Germany, Dezember 1988
Einbandgestaltung: Roberto Patelli
Titelbild: dpa
Satz: Fotosatz Froitzheim, Bonn
Druck und Bindung: Ebner Ulm
ISBN 3-404-61140-3

Der Preis dieses Bandes versteht sich einschließlich
der gesetzlichen Mehrwertsteuer.

Inhaltsverzeichnis

I got rhythm

VOM VATER
ALS KINDERSTAR
GEMANAGT

*»Kein Mensch
kommt mit dem Schild Star
auf die Welt.«*

Ich werde den Tag nie vergessen.

Es war im August 1945 – ein herrlicher Sommertag, als ich zum *Special Service* der Amerikaner marschierte. Der Truppenbetreuungsdienst war in einer der zahlreichen Villen untergebracht, die die Amis in meiner Heimatstadt Wiesbaden beschlagnahmt hatten.

Ich wollte dem *Special Service* meine Dienste als Musiker anbieten, denn Wiesbaden war amerikanische Garnisonsstadt, und die Amerikaner wollten unterhalten werden.

Dank eines knatternden Volksempfängers, der die Bombenangriffe heil überstanden hatte, kannte ich eine Menge internationaler Hits. In meiner Tasche steckte außerdem ein Zettel, auf dem englische Redewendungen standen.

Der Wachposten beim *Special Service* war ein baumlanger Ami.

»Hey boy, what you are looking for?« fragte er mich, als ich eintrat.

»I can play piano«, radebrechte ich.

Der Posten nahm die Füße vom Tisch und kratzte sich mit der Maschinenpistole am Ohr.

»Oh, that's wonderful. Wait a moment.«

Er griff zum Telefon und meldete mich bei seinem Vorgesetzten an. Dann führte er mich in ein angrenzendes Büro.

Der Offizier musterte mich eingehend.

»Name?«

»Paul Kuhn.«

»Alter?«

»Sechzehn.«

»Wir sind hier nicht bei den Pfadfindern«, knurrte er.
Ich war präpariert und hatte einen dicken Ordner mit Zeitungsausschnitten dabei. Kleine Meldungen berichteten von dem Kinderstar *Paulchen,* der mit seinem Akkordeon auf Betriebsfesten und Heimatabenden aufgetreten war. Dazwischen lag ein Zeugnis des Musischen Gymnasiums Frankfurt und eine Bescheinigung vom Wiesbadener Konservatorium, außerdem eine Zeitungsmeldung und ein paar Fotos: Ich als Pimpf am Klavier, umgeben von sechs tanzenden Mädchen. Ein Souvenir von einem musikalischen Fronteinsatz in Frankreich.
Der Offizier runzelte die Stirn, als er die Wehrmachtsuniformen sah. Aber ich hatte die Bilder mit Absicht beigelegt. Was den deutschen Soldaten recht war, konnte den Amis nicht unbillig sein, dachte ich.
Der Amerikaner wies auf ein Klavier an der Wand.
»Play a song.«
Ich legte los und spielte *In the Mood.*
Plötzlich legte mir der Ami die Hand auf die Schulter.
»Wonderful, boy. Wo hast du das gelernt?«
»Vom Radio.«
Er lachte, ich lächelte verlegen. Schließlich hatte ich etwas eingestanden, was ein Vierteljahr zuvor noch drakonische Strafen nach sich gezogen hätte: das Abhören von »Feindsendern«.
Jetzt spielte ich sogar für die Sieger!
»Morgen mittag um elf«, sagte der Offizier, schrieb eine Adresse auf einen Zettel, knallte ein paar Stempel darunter und schlug mir anerkennend auf die Schulter.

Ich stand am nächsten Tag um halb elf vor dem angegebenen Haus. Es war eine riesige Baracke – die Mannschaftsmesse: ein verstimmtes Klavier auf einem kleinen Podest und ein paar hundert lärmende GIs, die ich mit Swing unterhalten sollte.

Meine erste Gage war eine warme Mahlzeit und das Angebot, künftig jeden Tag zu spielen.

Ja, so war das. Mit diesem Job begann meine Nachkriegskarriere.

Ich habe diese Episode an den Anfang meiner Aufzeichnungen gestellt, weil sie typisch ist für meine Generation. Der Krieg war gerade zu Ende, und wir alle mußten wieder von vorne anfangen.

Es war eine harte, aber auch aufregende Zeit.

Hart, weil wir alle Hunger hatten.

Aufregend, weil aus der Asche neues Leben wuchs – auch musikalisch.

Denn während die übrige Welt swingte, war Deutschland im »Dritten Reich« im Marschrhythmus und Dreivierteltakt stehengeblieben. Unter den damaligen Machthabern durften wir nicht swingen. Erst als der Krieg vorbei war, durften wir endlich die Musik spielen, die wir fühlten. Nach den Bomben hörten wir im Radio all die herrlichen Stücke von Glenn Miller, Benny Goodman und Les Brown.

Mein Gott, war diese Musik wunderbar!

Was für ein Rhythmus, was für ein Drive.

Eine Musik, die das Leben zum Swingen brachte.

Ja, Kinder, Swing ist für mich ein Lebensgefühl, eine Weltanschauung, eine gewisse Art von Freiheit, und ich behaupte sogar, Länder, die swingen, sind freier.

Wer die damalige Zeit erlebte, versteht, was ich meine. Die Musik war einfach herrlich. Mit Swing ging alles besser. Das Leben machte wieder Spaß.

Und für mich ging ein Jugendtraum in Erfüllung. Plötzlich durfte ich frei entscheiden, welche Musik ich spielen wollte.

Es war der Beginn vieler swingender Jahre, in denen ich immer versucht habe, meinem Publikum ein bißchen von dieser musikalischen Droge einzutrommeln.

Von diesen swingenden Jahren möchte ich jetzt erzählen. Von Stars und Sternchen, die ich in meinem Leben und in meinen Shows getroffen habe. Von großartigen Musikern und sagenhaften Jam-Sessions. Von herrlichen Zeiten, aber auch von Krieg und Depression, von Triumphen und Niederlagen.

Ich habe meine Erinnerungen in Musiktitel unterteilt, von denen ich glaube, daß sie für die jeweilige Zeit typisch waren.

Es sind englische Titel, an denen mein Herz besonders hängt, weil damit viele Erinnerungen verbunden sind. Lieder, die ich auch heute noch spiele und singe.

Kein Mensch kommt mit dem Schild »Star« um den Hals auf die Welt. Von Peter Alexander bis Heino, von Karajan bis Rebroff – alle mußten sich hart durchboxen, bis sie den Weg zum Ruhm fanden.

Mein Weg nach oben begann in der Kurstadt Wiesbaden. Hier, wo sich schon früher die elegante Welt im Spielkasino traf, wurde ich am 12. 3. 1928 in der Leerstraße geboren. Die Welt dort hatte nichts von dem alten Glanz der Aristokratie und nichts von der prik-

kelnden Atmosphäre, die schon Dostojewski, den großen russischen Dichter, herausforderte. Meine Eltern
hatten eine Souterrainwohnung, das war ja wirklich
nichts besonderes.

Außer mir waren noch zwei Jungen da. Walter und
Herbert – älter als ich. Und ich gestehe, daß ich durch-
aus die Vorzüge eines Nesthäkchens kennengelernt
und schamlos genossen habe. Paulchen bekam das
bessere Essen, weil ich doch so klein und schmächtig
wirkte. Paulchen brauchte nicht die abgetragenen
Sachen der Älteren zu übernehmen und auch nicht das
alte Spielzeug. Für meine Mutter Luise war ich der
»Sunny Boy«, weil bei meiner Geburt aus einer anderen Wohnung vom krächzenden Grammophon der Hit
des Jahres durchs Haus schepperte: *Sunny Boy*.

Martin Kuhn, mein Vater, hatte keinen rechten Beruf
gelernt und war in den Wirren der damaligen Zeit
nicht immer mit einem Job gesegnet. Er hat eine Zeitlang als Friseur gearbeitet.

Tja, zum Friseur brauchte ich also nicht zu gehen. Er
hat mir immer die Haare geschnitten. Ich weiß das
noch sehr genau, weil er dafür eine altmodische Haar-
schneidemaschine benutzte. Nicht etwa eine elektri-
sche, sondern so eine mit Handbetrieb.

Später sattelte er um und wurde Croupier. Rien ne va
plus – der verheißungsvolle Glamour bei Roulette und
Black Jack bestimmte fortan sein Leben. Er wollte ja
schon immer ein bisserl höher hinaus und war außerdem ein leidenschaftlicher Kaffeehausgänger. Jeden
Sonntagmorgen drehte er mit mir die große Runde. Sie
endete meistens in einem stadtbekannten Café, das

heute noch existiert und in dem Billard und Schach gespielt wurde. Mein Vater spendierte mir eine Käseschnitte, und dann erzählte er mir mit glänzenden Augen von Fürsten, Aristokraten und Prominenten aus Politik und Wirtschaft, die er am Spieltisch traf. Leute, die Riesensummen auf eine von sechsunddreißig Zahlen setzten und riskierten, daß all das schöne Geld weg war, denn meistens gewann die Bank.

Daß ich Musik im Blut hatte, fiel zuerst meiner Mutter auf. Schon als Baby krähte ich kräftig. Auch später – als ich schon größer war – konnte ich den Ton besser halten als meine Brüder. Bei Familienfesten hieß es grundsätzlich irgendwann: »Na Paulchen, was singst du uns denn heute Schönes?«

Ich habe dann mein kleines Repertoire heruntergeschmettert. Als Gage gab's ein paar Bonbons oder ein paar Pfennige.

Die musikalische Ader habe ich offenbar von einem Onkel geerbt. Er war Musikmeister in jener vergangenen k. u. k.-Zeit, da Böhmen noch zu Österreich gehörte. Meine Mutter erzählte mir, daß er eine eigene Band hatte und Banjo spielte.

Mutters Bruder – er hieß auch Paul – war ebenfalls musikalisch begabt. Er konnte als einziger in der Verwandtschaft Gitarre spielen und hat sogenannte Schrammelmusik gemacht. Ich durfte ihn später auf dem Akkordeon begleiten.

Diesem Paul Brömser, meinem Patenonkel, habe ich viel zu verdanken. Er stachelte nämlich meine Eltern auf: »Der Junge muß unbedingt ein Instrument lernen.«

»Später mal«, versprach mein Vater.

»Man kann nie früh genug damit anfangen«, hielt mein Onkel dagegen. »Der Knirps hat Talent. Ich kenne jemanden, der will sein Akkordeon verkaufen, ganz billig – für fünfzig Mark.«

Fünfzig Mark waren damals viel Geld. Mein Vater legte die Stirn in Falten.

»Wenn ich die übrig hätte ...«

»Ich verstehe«, sagte Onkel Paul.

Und dann kaufte er das Akkordeon heimlich. Weihnachten 1934 stand es unter dem Christbaum.

Menschenskind, war das eine Überraschung!

»Für dich, Paulchen«, schmunzelte mein Onkel und ermahnte meine armen Brüder, ja ihre unmusikalischen Finger davon zu lassen.

Das war ein besonders schöner und aufregender Augenblick in meinem Leben: Ich hatte mein erstes Instrument – mit sechs Jahren.

Ich verzog mich ins Kinderzimmer und versuchte, mich mit den Geheimnissen der vielen Knöpfe und Tasten vertraut zu machen. Und ich war so vertieft in meine ersten Spielversuche, daß ich nicht merkte, wie sich nach einer Weile die Zimmertür öffnete und die ganze Familie mich wie ein Wunderkind anstarrte.

»Spiel das noch einmal, Junge«, bat meine Mutter, und dicke Tränen der Rührung kullerten aus ihren Augen. »Ach, war das schön!«

Ich hatte *Stille Nacht, heilige Nacht* gespielt. Ein Lied, das ich mir in der kurzen Zeit selbst beigebracht hatte.

Am Abend des gleichen Weihnachtstages 1934 spielte

ich noch andere Stücke. *Am Brunnen vor dem Tore* – immer wieder wollte es die Familie hören.

Ich habe die Lieder auf dem Schifferklavier gespielt, ohne daß mir jemand gezeigt hätte, wie ich mit dem Instrument umgehen mußte. Das Wiedergeben von Melodien war eine Begabung, die ich einfach vom lieben Gott mitgekriegt habe.

Onkel Paul versprach: »Wenn du weiter so schön übst, Paulchen, dann können wir demnächst zusammen im Duo loslegen.«

Meinen Eltern rechne ich hoch an, daß sie meine Musik fortan gefördert haben. Sie haben mir keine Vorschriften gemacht nach dem Motto: »Lern erst mal einen richtigen Beruf.«

Für sie war klar: »Der Junge wird Musiker. Was denn sonst?« Und sie haben sich ernsthaft Gedanken gemacht, wie es weitergehen sollte.

Für mich hätte es auch noch was anderes gegeben. Feuerwehrmann, Lokführer, Pilot. Nee – Musiker mußte es sein.

Aber Spaß beiseite: Ich habe diesen Entschluß nie bereut. Mein Leben lang habe ich mich mit Musik beschäftigt, und ich kann mir ein Leben ohne Noten nicht vorstellen. Wenn ich keine Musik machen würde, wüßte ich gar nicht, was ich mit mir anfangen sollte. Mein Leben wäre total leer. Selbst in meiner Freizeit habe ich immer ein paar Partiturbögen dabei und schreibe und arrangiere. Immer ist irgendwo Musik. Ich lebe von der Musik, für die Musik und mit der Musik.

Ich weiß nicht, ob ein Nichtmusiker das nachempfinden kann. Seit ich bewußt Musik mache, genieße ich sie doppelt und dreifach. Weil ich weiß, wie sie gemacht wird. Mit Musik kann man alles ausdrücken: Lachen und Weinen.

Man lebt einfach intensiver und bewußter. Das soll nicht heißen, daß ich mich in die Musik flüchte, aber durch die Arbeit mit ihr kann ich viele Dinge hinter mir lassen ...

Aber zurück ins Jahr 1934. Der allererste Musiklehrer, den ich hatte, hieß Nikolei und war ein Akkordeonspieler aus Wiesbaden. Er hat mit meinem Onkel zusammen »Schrammelmusik« gemacht und wurde von ihm engagiert, um mir Unterricht zu geben.

Ich weiß nicht, was meine Eltern für den Unterricht bezahlt haben, sicher nicht viel. Er war ja Amateur, kein richtiger Lehrer. Aber er konnte Noten lesen und hat mir Kniffe auf der »Quetschkommode« beigebracht, hinter die man sonst möglicherweise nach Jahren noch nicht kommt.

Volkslieder haben wir geübt, und bald erntete ich meinen ersten Applaus. Denn mein Vater schaffte es, mich für zwei Mark Gage für ein Schulfest oder eine Familienfeier zu vermitteln.

Er war ein gewiefter Organisator, und in einer anderen Zeit – ohne die große Familie am Hals – wäre er möglicherweise ein erfolgreicher Geschäftsmann geworden. Als er mich ein paar Jahre als Kinderstar managte, da war er in seinem Element.

Er war natürlich ganz stolz auf seinen frühreifen talentierten Filius, und wenn ich auf kleinen gesellschaftlichen Veranstaltungen spielte und es Applaus gab, stand er rasch auf und drückte mich an sich. So bekam er auch ein bißchen Ehre und Beifall ab.

Er kassierte natürlich auch die Gagen. Sie flossen in die Haushaltskasse, denn es war ja eine Zeit, in der es uns nicht so toll ging und jeder Pfennig rumgedreht werden mußte.

Nach zwei Jahren war mein Akkordeonlehrer mit seinem Latein am Ende. Ich war ihm über den Kopf gewachsen.

»Ich kann dem Jungen nichts mehr beibringen«, gestand er meinem Vater. »Der spielt genausogut wie ich, wenn nicht besser. Kaufen sie ihm ein Klavier ...«

ZWEITES KAPITEL

Yesterdays

ERSTER
FERNSEHAUFTRITT
MIT ACHT JAHREN

*»Es war die Zeit,
als das Fernsehen laufen lernte
und die Bilder die Wohnstuben
zu erorbern begannen.
Wir hielten es damals
für einen Jux.«*

Doch bevor ich die Tasten, die für mich die Welt bedeuten, so richtig anschlagen konnte, gab es für mich ein weiteres wichtiges Erlebnis:

August 1936. Die Reichshauptstadt Berlin rief die Jugend der Welt: Olympische Spiele.

Am Rande der Athletenschau gab's jede Menge Großveranstaltungen. So auch die Funkausstellung mit einem Musik-Wettbewerb, bei dem aus der Schar der Provinzsieger der beste Akkordeonspieler des Reichs ermittelt werden sollte.

Ich vertrat Hessen. Ich, Paulchen Kuhn, acht Jahre alt.

Im Mai 1936 hatte der Postbote einen Brief gebracht. Als meine Mutter ihn öffnete, stieß sie einen Freudenschrei aus.

»Ach, ist das schön!« rief sie und umarmte mich.

»Was?« fragte ich ahnungslos.

»Du sollst übernächste Woche ins Paulinenschlößchen kommen.«

»Wozu?«

»Stell dir vor, es gibt einen Wettbewerb. Sie suchen den besten Akkordeonspieler von Hessen. Der Sieger wird nach Berlin eingeladen, zur Funkausstellung. Und du zählst zu den zwölf besten in Hessen.«

Wieso ich zu der Ehre kam, im Wiesbadener Paulinenschlößchen in die Akkordeontasten greifen zu dürfen? Das ist mir bis heute schleierhaft. Offenbar hatten meine Eltern hinter meinem Rücken Promotion für mich gemacht. Immerhin hatte ich nicht nur Heimvorteil, sondern auch ein paar Pluspunkte durch meine Jugend. Meine elf Mitbewerber waren nämlich zum großen Teil über fünfzig.

»Paulemann, das ist die Chance deines Lebens«, sagte mein Vater. »Enttäusch uns nicht.«

Ich trat also gegen die Altherren-Riege an und fuhr so richtig ab, wie man heute sagen würde. Als die Jury die Punkte addierte, hatte ich haushoch gewonnen.

»Ich hab's gewußt!« jubelte Onkel Paul. »Auf nach Berlin. Ich komme mit.«

Klar, daß mich die ganze Familie auf meiner allerersten großen Reise begleitete: Vater, Mutter, Onkel, Tante.

Ich war stolz wie Oskar und bekam von meinen Eltern als Belohnung die ersten langen Hosen meines Lebens spendiert. Dann ging es ab nach Berlin.

Der Zug war rappelvoll. Halb Deutschland wollte nach Berlin und die Olympischen Spiele miterleben.

Auf der Reise amüsierte sich Onkel Paul über einen Bericht im »Völkischen Beobachter«, in dem behauptet wurde, daß die Veranstaltung von der Funkausstellung im Fernsehen übertragen werden sollte.

Es war die Zeit, als das Fernsehen laufen lernte und die Bilder die Wohnstuben zu erobern begannen. Wir hielten die Meldung für einen Jux.

»Was die mal wieder für einen Quark schreiben«, war Onkel Pauls Kommentar. »Es soll einen Apparat geben, auf dem man die Fotos sehen kann, die sich bewegen. Fernsehen nennen die das. Lächerlich. Die spinnen wirklich.«

»Ich glaub' denen schon lange nichts mehr«, entgegnete mein Vater.

Wenn ich heute im Fernsehen auftrete, muß ich oft an ihre Worte denken. Wer hätte damals gedacht, welche

Bedeutung die »Flimmerkiste« für uns alle einmal haben würde – besonders für die Unterhaltungsbranche?

Fernsehen heute – das war damals für uns Magie und Utopie. Obwohl der Gedanke des »In-die-Ferne-Schauen-Könnens« ja schon seit Jahrhunderten die Menschheit beschäftigte.

Schnitt ... Rückblende ...

Wir blieben ein paar Tage in Berlin. Der Musik-Wettbewerb fand im großen Saal des Palais am Funkturm statt. Ich erinnere mich noch genau daran: Zwei oder drei Dutzend »Gausieger« zitterten hinter der Bühne dem großen Auftritt entgegen.

Das Fernsehen war auch da, und man hatte uns vorbereitet.

»Da mußte reingucken«, erklärte mir ein Techniker und zeigte auf ein technisches Monstrum. »Dett is nämlich Fernsehen, vastehste?«

Ehrlich gesagt, ich verstand gar nichts. Mit meinen Kinderaugen sah ich eine angsteinflößende Kanone, deren Rohr durch eine Glasscheibe verschlossen war.

Man erklärte mir, daß die Sendung nur innerhalb Berlins übertragen wurde. Denn nur ganz wenige Leute besaßen damals bereits eine »Mattscheibe«. Die ersten Fernsehempfänger kosteten bis zu dreitausendfünfhundert Reichsmark, so daß sie sich kaum jemand leisten konnte. Noch gab es höchstens fünfzig Fernsehempfänger bei Behörden und der Industrie.

Die Berliner konnten in den fünfundzwanzig öffentlichen Fernsehstuben, den kleinen umgebauten Kinosälen oder in Hinterzimmern von Kneipen bei freiem

Eintritt in die neue Röhre blicken. Über den UKW-Sender Witzleben sendete die deutsche Reichspost und die Reichsrundfunkgesellschaft ein improvisiertes Unterhaltungsprogramm.

Als erste Ansagerin und zugleich Hauptakteurin der meist einstündigen Sendungen hatte die Post die Schauspielerin Ursula Patschke engagiert. In einem winzigen Studio von der Größe einer Telefonzelle saß die junge Frau auf Telefonbüchern vor dem Personalabtaster. Diese sehende Maschine, ein wahres Monstrum, wog mehrere Tonnen und diente zur Aufzeichnung der Bilder.

Ursula Patzschke war eine Meisterin der Improvisation und führte auf ihrer zwei Quadratmeter großen Dunkelbühne immer neue kleine Live-Szenen auf, bei denen sie Autor, Darsteller, Regisseur, Produzent und Cutter in einer Person war. Für alle Fälle hielt sie sogar ein »Pannen«-Programm bereit, ein 47strophiges Gedicht von Storm, das acht Minuten »lief«.

Die erste Feuerprobe bestanden die Fernsehleute dann bei den Olympischen Spielen. Der spätere Erfinder des PAL-Farbfernsehens, Walter Bruch, bediente damals die ersten elektronischen Kameras im Außeneinsatz.

Im Olympiastadion waren die TV-Pioniere zunächst aber auf Ablehnung gestoßen. Die Produzentin des offiziellen Olympiafilms, Leni Riefenstahl, hatte bei den Verantwortlichen durchgesetzt, daß keine Kamera von den Fernsehleuten »höher« als knapp über der Rasenkante aufgebaut wurde. Sie wollte sich durch die Kamera-Ungetüme mit ihren großen Teleobjektiven nicht die Bilder für ihren Film verschandeln lassen.

Doch Walter Bruch wußte sich zu helfen. Tagelang wurden frühmorgens klammheimlich die Stative der in den Laufgräben montierten Kameras einfach immer ein wenig verlängert, bis die Schwenks über die Laufbahn endlich sendbare Bilder ergaben.

Mein erster Fernsehauftritt ist mir so in Erinnerung geblieben, als sei es gestern gewesen. Hinter der Bühne stand ein Riesenkasten mit einem postkartengroßen Bildschirm, auf dem zu sehen war, was sich auf der Bühne abspielte. Ich beobachtete fasziniert meine Konkurrenten und fragte sie hinterher, ob man denn was spüren würde ...

Wie das Leben so spielt: Unter dem Funkturm in Berlin, wo ich mein Fernseh-Debüt hatte, sollte ich zweiunddreißig Jahre später eine neue große TV-Chance erhalten. Der Unterhaltungschef des Senders Freies Berlin (SFB), Dieter Finnern, holte mich als Orchesterchef nach Berlin. Ich sollte das Tanzorchester des SFB leiten.

Ein Mensch wie ich, der sein ganzes Leben der Musik verschrieben hat, konnte da nicht nein sagen. Immerhin gehörte die Band zu den wenigen deutschen Orchestern mit internationaler Geltung. Wir haben herrliche Tourneen um die halbe Welt unternommen. Wir haben Dutzende Fernseh- und Tausende Hörfunksendungen produziert und dabei eine gute Reklame für Berlin und den Kudamm gemacht.

Pauls Party war unser größter Hit. Viele bekannte Künstler traten in der Sendung auf. Dieter Finnern und ich erhielten dafür die Goldene Kamera.

Nicht nur aus dieser Zeit kenne ich Gott und die Welt

aus dem Showgewerbe. Die kleinen Sternchen, die schon wieder verglommen waren, ehe ihr erster Hit ausverkauft war. Und die Profis von Peter Alexander bis Marika Rökk. Von Freddy Quinn bis Inge Meysel.

Berlin 1936 – damals hätte ich mir nicht träumen lassen, daß einmal bekannte Leute in meiner Show unter dem Funkturm auftreten würden.

Berlin 1936 – damals genoß ich zum erstenmal das Bad in der Menge. Mein Auftritt brachte mir die allererste Popularität. Zwar nur in Wiesbaden, aber immerhin.

Dort machte es Eindruck, wenn mein Vater erzählte: »Der Bub war auf der Funkausstellung in Berlin und sogar im Fernsehen.«

Das ließ mich in zunehmendem Maße zum begehrten Unterhalter werden. Die Anfragen häuften sich. Man engagierte mich zu Kaffeekränzchen, Betriebsfesten, Nachmittagen in Jugend- und Altersheimen und zu Hochzeiten. Ich wurde wie ein musikalisches Wunderkind vorgeführt.

Mein Vater hatte längst erkannt, daß mit mir Geld zu machen war, und vermittelte mich jetzt für fünfzig Mark pro Auftritt. Manchmal war ich monatelang ausgebucht.

Die musikalische Reise ging weiter. Ich habe dann bald Klavierunterricht bekommen, weil sich damit größere spielerische Möglichkeiten boten. Meine Eltern wollten, daß ich eine klassische Ausbildung absolvierte.

Sie haben sich dafür ziemlich krummgelegt. Zuerst wurde ein Klavier angeschafft – ein gebrauchtes natürlich. Aber eines, wie man es heute nur noch ganz selten findet: Ein herrliches schwarzes Monstrum mit Kerzenhaltern. Auf diesem Piano habe ich die ersten Etüden und Sonaten geübt.

Meine Klavierlehrerin war eine nette ältere Dame um die Fünfzig. Wenn ich gut spielte, nahm sie verträumt die Brille ab. War ich nicht in Form, drehte sie hektisch die Daumen gegeneinander und wuchs mit ihrer Empörung bei jedem Anschlag einen Ruck in die Höhe. Zweimal pro Woche ging ich zum Unterricht. Wie in der Schule mußte ich ein kleines Aufgabenheft führen, und am Ende jeder Stunde wurden Zensuren und Beurteilungen notiert, die ich zu Hause vorlegen mußte.

Da stand dann zum Beispiel: »Ein begabter Knabe, aber manchmal sehr unkonzentriert.«

Mein Vater, der sich um meinen musikalischen Werdegang kümmerte, wußte, wie er meinen Ehrgeiz anstacheln konnte.

»Du wünschst dir doch 'nen Volksempfänger, oder?«

Und wie ich mir ihn wünschte! Ein Radio war damals etwas ganz Tolles.

»Wenn du dreißig Fleißkärtchen nach Hause bringst, kriegst du ihn«, versprach mein Vater.

Das war ein Angebot. Ich übte mir fast die Finger wund, um die dreißig Fleißkärtchen zu bekommen. Ein paar Wochen später konnte ich die Belohnung in Empfang nehmen: einen Volksempfänger.

Herrliche Zeiten begannen. Denn aus dem Lautsprecher schepperten nicht nur Beethovens Symphonien und Bachs Kantaten, sondern auch die Evergreens der dreißiger Jahre.

Ich war wie verhext von der Musik, und bald hatte ich das ganze aktuelle Schlagerrepertoire drauf. *Goodbye Jonny ... Kann denn Liebe Sünde sein ... O Donna Clara ...*

Das machte sich auch bei meinen Auftritten bezahlt, die mein Vater nach wie vor für mich arrangierte. Auch das Publikum hatte seinen Spaß und wollte bald nur noch die aktuellen Schlager hören. Stücke wie *Die Blauen Dragoner* oder *Das Ännchen von Tharau* waren plötzlich nur noch am Rande gefragt.

Zur gleichen Zeit wurde in Frankfurt ein musisches Gymnasium mit angeschlossenem Internat eröffnet. Aufgenommen wurden nur Schüler mit besonderem musikalischen Talent. Alles, was mit Musik zusammenhing, wurde dort als Hauptfach anerkannt.

Obwohl die Internatskosten eigentlich die Möglichkeiten meiner Eltern überstiegen, wollte mein Vater, daß ich auf diese Schule gehe. Er zögerte keinen Augenblick und schrieb eine Bewerbung für mich, in der er in den höchsten Tönen meine musikalischen Fähigkeiten pries. Außerdem legte er dem Brief ein paar Zeitungsmeldungen bei.

Die Antwort ließ nicht lange auf sich warten, und ich wurde zur Aufnahmeprüfung bestellt. Meine Eltern fuhren mit mir nach Frankfurt. Obwohl der Unterricht in einer imposanten schönen Villa stattfand, begeisterte mich die Aussicht, hier die nächsten Jahre zu verbringen, zunächst ganz und gar nicht.

Das Internat erschien mir wie ein dorniger Weg, der mich von meinem Zuhause fortführte. Weg von den Eltern, den Kameraden, den Schulfreunden.

Ich wurde Direktor Thomas vorgestellt. Er schaute mich streng an: »Soso. Paul August Kuhn heißt du. Was spielst du denn?«

»Am besten Mühle und Domino«, entfuhr es mir.

Mein Vater warf mir einen strafenden Blick zu.

Der Direktor verstand zum Glück Spaß.

»Ich meine natürlich, welches Instrument spielst du?«

»Akkordeon und Klavier.«

»Gut, dann spiel mir mal was vor«, sagte er und zeigte auf einen Flügel.

Ich entschied mich für Bach.

Dem Direktor schien es zu gefallen. Denn er nickte wohlwollend, als ich meinen Vortrag beendete.

»Jetzt sing mir etwas vor.«

Ich entschloß mich für *Am Brunnen vor dem Tore* und Lehars *Dein ist mein ganzes Herz*.

Danach war's passiert. Der Direktor hatte mich offenbar ins Herz geschlossen.

»Du bist aufgenommen, Paul.«

Damit begann ein neuer Abschnitt in meinem Leben. Ein Leben mit dem Hauptfach Musik. Auf dieser Schule wurde alles geboten, was damals musikalisch »in« war. Wir gingen regelmäßig ins Konzert und in die Oper und hörten Musiker und Komponisten, die schon berühmt waren.

Außer Musik wurden auf der Schule auch alle anderen Fächer wie auf jedem Gymnasium gelehrt: Latein, Mathematik, Deutsch und Englisch. Der Vorteil gegenüber einer normalen Schule lag jedoch darin, daß man mit einer guten Musiknote eine schlechte Leistung in den anderen Fächern ausgleichen konnte.

Der Tag begann für uns um sieben Uhr. Wir wurden mit einem Trompetensignal geweckt. Nach dem Frühstück und dem Frühsport begann die Schule, vormittags standen die wissenschaftlichen Fächer auf dem Programm, nachmittags gab's dann Musikunterricht. Meinem Klavierlehrer, Wolfgang Brugger, habe ich viel zu verdanken. In weniger guter Erinnerung ist mir dagegen unser Klassenlehrer geblieben – seine Hand saß ziemlich locker.

Trotzdem lebte ich mich schnell auf dem Musik-Internat ein. Dort lernte ich den Schauspieler Hans Clarin kennen. Er war zeitweise in der gleichen Klasse wie ich und der Kleinste auf der Schule – noch kleiner als ich!

Klein, aber oho, sage ich, denn später sollte Hans Clarin ganz groß als Staatsschauspieler an den Kammerspielen und am Bayrischen Staatstheater in München sowie als Synchronsprecher herauskommen.

Wir schlossen Freundschaft, verloren uns aber nach dem Musikstudium aus den Augen. Erst viele Jahre später haben wir uns auf der Funkausstellung in Berlin wiedergesehen und zusammen im Auftrag des WDR ein Märchen geschrieben.

Zu diesem Zeitpunkt war Hans Clarin bereits einem breiten Publikum bekannt. Wir sahen ihn unter anderem als »Puk« im *Sommernachtstraum* von Shakespeare und in der Titelrolle in dem Musical *Charley's Tante*. In den sechziger Jahren spielte er in mehreren Edgar-Wallace-Filmen mit und wurde einer der gefragtesten Synchronsprecher. Seine Synchronisierung des »Kriminalassistenten Cookie« in der Serie 77

Sunset Strip machte ihn besonders populär. 1968 veröffentlichte er das Jugendbuch *Paquito oder die Welt von unten*. Das Buch wurde unter seiner Regie fürs Fernsehen verfilmt.

Seit vielen Jahren lebt Hans Clarin auf dem über zweihundert Jahre alten originalrestaurierten Moserhof in Aschau im Chiemgau. Hier widmet er sich in seiner Freizeit in abgewetzten Hirschlederhosen, zerfranstem Tirolerhut und mit der obligatorischen Pfeife seiner liebsten Rolle – der als Bauer. Er konnte seinen Jugendtraum verwirklichen. Ich erinnere mich, daß er schon nach dem Besuch des musischen Gymnasiums besonderes Interesse für die Landwirtschaft gezeigt hatte, bevor er sich der Schauspielerei zuwandte.

Aber zurück ins Jahr 1939. Inzwischen hatte der Krieg begonnen. Das Leben veränderte sich allmählich. Es gab zwar noch keine Bombenangriffe, aber Probealarme und Verdunklungsübungen waren an der Tagesordnung. Zackige sogenannte Blockwarte sorgten für »Zucht und Ordnung« und überwachten die Verteilung der Lebensmittelkarten.

Auch in der Schule wurde vieles anders. Jeden Samstagnachmittag mußten wir zum HJ-Dienst – marschieren, exerzieren, Fahne grüßen, und der Rektor trug jetzt eine Uniform. Das war eigentlich alles noch nicht so schlimm, und ich hatte den Ernst der Lage noch nicht erfaßt. Ich stand ja auf der Sonnenseite, doch das sollte sich bald ändern.

In dieser Zeit freundete ich mich mit einem älteren Mitschüler an, der Gerd hieß und ein hervorragender Gitarrist war. Er kam wie ich aus Wiesbaden.

Als wir eines abends alleine im Waschsaal waren, fragte er mich: »Kannst du schweigen?«

»Natürlich.«

»Dann nehme ich dich morgen mit«, verkündete Gerd. »Wir haben einen Keller in der Nähe. Da machen wir richtige moderne Musik. Jazz.«

»Jazz? Aber das ist doch verboten.«

Gerd nickte.

»Deshalb habe ich dich ja gefragt, ob du schweigen kannst.«

So gingen wir am nächsten Tag heimlich in den besagten Keller. Wir waren fünf Jungen und hatten ein Grammophon, aus dem die Rhythmen von Glenn Miller und Benny Goodman ertönten. Wir lauschten gebannt dieser Musik, die für uns gleich doppelt verboten war. Erstens, weil sie als »undeutsch« und »artfremd« galt, und zweitens, weil Unterhaltungsmusik an unserem Internat ohnehin verpönt war. Dort sollten Dirigenten, Erste Geiger und Kammermusiker ausgebildet werden.

Fasziniert hörte ich mir die herrliche Musik von Goodman und Miller an, es war ein aufregender Augenblick in meinem Leben. Plötzlich verstand ich meine Lehrer nicht mehr.

Mein Gott, wie konnten sie diese ins Blut gehende Musik verbieten?

Miller und Goodman spielten damals besser als der Rest der Welt. Und wie sie swingten! Das können selbst heutzutage nur sehr wenige.

Eigentlich sollte die faszinierende Geschichte des Jazz in allen Schulen auf dem Stundenplan stehen, damit die Kinder endlich einmal erfahren, woher diese tolle Musik überhaupt kommt und wie sie entstanden ist.

DRITTES KAPITEL

Pennies from heaven

AUTOKÖNIG WILHELM VON OPEL BEZAHLTE MEIN SCHULGELD

*»Wann trifft man
in seinem Leben schon mal
einen einflußreichen Menschen, der
einem ein paar Steine
aus dem Weg räumt?«*

Jeder in Wiesbaden kannte den alten Herrn. Jeden Nachmittag ging er in den Kuranlagen spazieren. In der einen Hand den Stock. In der anderen die Hundeleine.

Zehn Meter hinter ihm fuhr sein Chauffeur mit einem schwarzen Opel im Schrittempo. Das war damals noch möglich, weil es kaum parkende Autos gab.

Wenn den alten Herrn die Müdigkeit übermannte, blieb er stehen, das Auto kam herangefahren, er stieg ein und ließ sich in seine Villa zurückfahren.

Der sonderbare Spaziergänger war kein geringerer als der Geheime Kommerzienrat Wilhelm von Opel, ein Sohn des berühmten Autokönigs.

Ich erzähle diese Geschichte, weil ich Wilhelm von Opel viel verdanke. Er war nicht nur den schönen Künsten zugetan, sondern förderte auch Nachwuchskünstler – auch solche Burschen wie mich.

Die Internatskosten waren meinem Vater inzwischen über den Kopf gewachsen. Ich hatte als zweites Instrument eine Klarinette gewählt. Aber woher das Geld für die Anschaffung nehmen?

Irgendwann muß meinem Vater ein rettender Einfall gekommen sein. Er schaffte es irgendwie, daß ich für eine Party bei der Familie Opel engagiert wurde. Opel gehörte damals schon zum US-Konzern General Motors, und bei dieser Feier wurden die amerikanischen Direktoren aus Deutschland verabschiedet. Der Krieg war zwar noch jung, aber die Lage für Ausländer wurde immer ernster.

Nach meinem Auftritt rief mich der Geheime Kommerzienrat zu sich.

»Du hast schön gesungen«, lobte er. »Und mit dem Akkordeon kannst du auch gut umgehen.«

»Danke, Herr von Opel.«

»Dein Vater sagt, du wärst ein guter Schüler auf dem musischen Gymnasium.«

Ich nickte.

Herr von Opel lächelte.

»Ich werde mich in Zukunft ein bißchen um dich kümmern – was das Schulgeld betrifft. Aber sobald mir Klagen zu Ohren kommen, zieh' ich dir die deinen lang.«

»Jawohl, Herr von Opel.«

»Hast du noch einen Wunsch?«

»Eine Klarinette, Herr von Opel.«

Er lachte.

»Also, ich höre zwar das Akkordeon lieber, aber wenn du willst, gehst du morgen ins Musikgeschäft und suchst dir eine schöne Klarinette aus. Die Rechnung sollen sie mir schicken.«

Gütiger Himmel, hatte ich ein Glück!

Wann trifft man in seinem Leben schon mal einen einflußreichen Menschen, der einem ein paar Steine aus dem Weg räumt? Einen Mäzen, der mittellosen, aber begabten Nachwuchskünstlern auf die Sprünge hilft? Wilhelm von Opel war so ein Mann, und er half ausgerechnet mir! Drei Jahre lang zahlte er einen Großteil meines Schulgeldes und wollte freilich dafür auch Leistung sehen.

Als meine Zensuren mal nicht sonderlich gut ausfielen, zitierte er mich zu sich und hielt mir eine Gardinenpredigt.

»Wenn du dich auf meine Kosten auf die faule Haut legst, Paulchen, streiche ich das Stipendium«, schloß er und verabschiedete mich.

Der Anpfiff hat mich ziemlich hart getroffen und nachdenklich gemacht. Jedenfalls wurden meine Zeugnisse wieder besser. Dieses Leistungshoch hielt allerdings nicht lange an. Der Grund war, daß ich Heimweh hatte. Gerd, mein bester Freund, hatte das Internat verlassen und war nach Wiesbaden zurückgegangen. Plötzlich machte mir die Schule keinen Spaß mehr.

»Ich möchte weg von Frankfurt«, schrieb ich meinem Vater. »Hol mich zurück nach Wiesbaden.«

Vater, der mich im Geiste schon als Dirigent der Wiener Symphoniker sah, versuchte mich moralisch aufzumöbeln.

»Aber du hast doch das Talent zum Musiker. Das kann man doch nicht brachliegen lassen. Das muß doch gefördert werden, und wenn du durchhältst, schaffst du es auch.«

Um es kurz zu machen: Ich schaffte es nicht.

Meine musikalischen Leistungen reichten schließlich nicht mehr aus, um die schlechten Noten in Mathematik und Latein auszugleichen. Es hagelte Rügen und blaue Briefe.

Ich versprach, mich anzustrengen, und versuchte mit Hilfe von Spickzetteln wenigstens mein Defizit in Latein wettzumachen, außerdem bemühte ich mich, mit besonderen Leistungen im Musikunterricht meinen guten Willen unter Beweis zu stellen, aber selbst das konnte mich nicht mehr retten. Meine Probleme wuchsen noch, als mir bewußt wurde, daß mich keine andere Schule mehr aufnehmen würde, wenn ich vom Internat – aus welchen Gründen auch immer – geflogen wäre. Das war damals so.

In dieser Situation zeigte mein Vater viel Verständnis. »Mein Sohn will kein Lateiner werden, sondern Musiker«, erklärte er meinem Klassenlehrer und meldete mich von der Schule ab. Ich war, ehrlich gesagt, heilfroh darüber. Ich kehrte nach Wiesbaden zurück und meldete mich am Oberrealgymnasium in der Oranienstraße an. Als ich am ersten Tag die Klasse betrat, staunte ich nicht schlecht, als ich in der dritten Reihe meinen alten Freund Gerd sitzen sah. Er grinste mich an.

Und prompt ging es wieder los mit der verbotenen Musik.

Inzwischen hatte der Bombenkrieg begonnen, und auch an unserer Schule wurden nachts Brandwachen aufgestellt. Wir, Gerd und ich, meldeten uns so oft wie möglich freiwillig zum Dienst mit Feuerpatsche und Sandeimer, um ungestört und ohne Gefahr zu laufen, daß wir entdeckt wurden, Radio hören zu können – Soldatensender Calais.

So merkwürdig es auch heute klingen mag: Diese Treffen auf dem Dachboden, bei denen wir heimlich Zigaretten geraucht und Jazz gehört haben, gehören zu meinen schönsten Erinnerungen an die Zeit des Krieges. Es schepperte und rauschte zwar im Lautsprecher, weil der Reichsrundfunk die »Feindsender« störte, aber das konnte unserer Begeisterung keinen Abbruch tun. Jazz war für uns die heißeste Musik der Welt.

Wir waren so beeindruckt, daß wir versuchten, uns die Nummern einzuprägen.

Ein anderer Treffpunkt, wo wir Musik aus dem Ausland hören konnten, war das Parkcafé in der Wilhelmstraße. Während des Krieges spielten dort häufig dienstverpflichtete Tanzkapellen aus Belgien und Holland. Wir waren so scharf auf die Musik, daß wir uns an den Fenstern die Ohren platt gedrückt haben, um zu hören, was da drinnen gespielt wurde. Die Gastmusiker spielten natürlich eine ganz andere Musik, als wir sie von den deutschen Kur-Kapellen kannten, und manchmal intonierten sie sogar amerikanische Nummern.

Einmal habe ich erlebt, wie ein Trompeter auf der Bühne verhaftet wurde. Der Kerl swingte ganz mächtig und legte ein heißes Solo hin. Als er mit seiner Improvisation zu Ende war, kam ein Mann im Ledermantel und erklärte: »Hör zu, Freundchen, dieses Negergedudel ist hier verboten.«

Der Trompeter wurde abgeführt. Ich konnte das nicht verstehen und war wütend. Warum ließ man ihn nicht spielen, was er fühlte?

Zwei Tage später tauchte er wieder im Café auf, aber im Gegensatz zu seinem ersten Auftritt spielte er jetzt ganz brav, verhalten und ohne jede Effekte. Er lächelte dem Publikum zu, aber es war ein Lächeln der Angst.

Auch wir hatten Angst, wenn wir heimlich Radio hörten, wir taten es jedoch trotzdem, weil die Musik wie eine Droge auf uns wirkte und uns stark beeinflußt hat. Ich konnte selbst bald eine Menge Stücke spielen, die ich im Radio gehört hatte. Im Keller des Oberrealgymnasiums schrieben wir unser erstes Arrangement – richtig jazzig, mit Saxophonen und Klarinetten. Titel des Stücks: *Bei mir bist du schön*.

Auf dieses erste Arrangement bin ich besonders stolz, weil ihm zwei Wochen später ein Fachmann die Note »richtig professionell« gab. Der Fachmann war der berühmte holländische Bandleader Mijnheer Wittjes. Er gastierte damals mit seinem Orchester in Wiesbaden und wir hatten uns Karten für das Konzert besorgt. Nach dem Schlußapplaus drängelten wir uns in die Garderobe des Orchesterchefs, zeigten ihm unsere Arbeit und warteten mit klopfenden Herzen auf sein Urteil.

Er warf einen Blick auf das Arrangement. Dann sah er uns erstaunt an.

»Wo habt ihr denn das her?«

Wir antworteten wie aus einem Mund: »Selbst geschrieben.«

»Das könnt ihr meiner Großmutter erzählen«, lachte Mijnheer Wittjes. »Das kann nur ein Profi geschrieben haben.«

Diese Beurteilung aus berufenem Mund machte auf mich einen enormen Eindruck, und ich glaube, an diesem Abend wurden die Weichen für meine musikalische Zukunft gestellt. Mein Zug fuhr in Richtung Tanzmusik ab, und ich träumte davon, Arrangeur und Komponist zu werden.

Heute kann ich sagen, daß genau das meine Lieblingsbeschäftigung geworden ist. Ich spiele zwar Klavier, aber mein eigentliches Instrument ist meine Band. Jeder Musiker hat für mich eine bestimmte Klangfarbe, und jedes Instrument drückt eine bestimmte Skala von Gefühlen aus, die ich mit den anderen mische, um einen bestimmten Sound zu erzeugen.

Ich werde oft gefragt, worin eigentlich der Unterschied zwischen einem Komponisten und einem Arrangeur liegt. Locker ausgedrückt, könnte man sagen, daß ein Komponist eigentlich keine Ahnung von »Tuten und Blasen« und Noten haben muß. Es gibt sogar sehr gute und erfolgreiche Komponisten, die ihre Lieder mit einem Finger auf dem Klavier oder einer Heimorgel entwerfen und mit dem Cassettenrecorder aufzeichnen. Von Leo Leandros, der für seine Tochter große Hits geschrieben hat, las ich einmal, daß er pfeifend komponiert.

Selbst die großen Wiener Operettenkomponisten Johann Strauß und Robert Stolz improvisierten beim Komponieren. Von Strauß wird erzählt, daß er einen regen Verbrauch an Hemden gehabt hat. Bei seinen täglichen Spazierfahrten hatte er des öfteren jähe Einfälle, die er dann kurzerhand auf die Manschetten kritzelte. Robert Stolz entwarf *Zwei Herzen im Dreivierteltakt* während eines Festmahls auf der Rückseite einer Speisekarte.

Würde man diese Noten nun einem Orchester hinhalten, säßen die Streicher, Bläser und die Rhythmusgruppe ziemlich ratlos davor. Keiner wüßte, wer wann und wie einsetzen müßte. Eine Melodie in Partien für die einzelnen Instrumente eines Orchesters umzusetzen ist die Arbeit des Arrangeurs. Er muß aus den Musikern den gewünschten Klang herausholen, Akzente setzen und den Beat angeben. Das ist keine einfache Aufgabe, deshalb sind gute Arrangeure ungeheuer gefragte und vielbeschäftigte Leute. Ohne zu übertreiben, möchte ich sagen, daß ihre Arbeit die wichtigste und schwierigste beim Produzieren einer Aufnahme ist. Meine Kollegen von James Last über Horst Jankowski bis Max Greger werden das bestätigen. Die Arbeit auf der Bühne im Scheinwerferlicht ist der kleinste Teil unserer Tätigkeit. Das meiste macht man allein – nachts, bei viel Kaffee.

Mir hat es schon 1943, als ich damit anfing, Arrangements zu schreiben, großen Spaß gemacht.

VIERTES KAPITEL

Moonlight serenade

MIT DEM
FRONTTHEATER
NACH PARIS

*»Ich war gerade sechzehn geworden
und hatte den Ernst der Lage
noch nicht erfaßt. Aber schon bald
begriff ich, daß der Krieg
keine Revue war.«*

Die Gruppe bestand aus fünf süßen Wiesbadener Revuegirls. Anfang 1944 sollten sie auf Tournee nach Frankreich gehen, um den deutschen Landsern ein paar frohe Stunden zu bescheren. Als für das Quintett ein musikalischer Begleiter gesucht wurde, meldete ich mich freiwillig. Ich war gerade sechzehn geworden und hatte den Ernst der Lage noch nicht erfaßt. Aber schon bald begriff ich, daß der Krieg keine Revue war. Wie kam es zu dieser Tournee?

Kurz vorher hatte ich in einem Offizierskasino in Wiesbaden Klavier gespielt. Da setzte mir ein Leutnant, der die anderen mit Zauberkunststückchen unterhielt, den Floh ins Ohr: »Fronttheater ist das fröhlichste und aufregendste Abenteuer, das man sich vorstellen kann. Ich habe es selbst eine Zeitlang gemacht«, sagte er. »Da lebst du wie der liebe Gott in Frankreich und kriegst vom Krieg nichts mit ...«

Mein Vater war von meinem Einsatz als musikalischer Truppenbetreuer alles andere als begeistert.

»Fronttheater! Du machst hier schön deine Schule fertig. Sei froh, daß man dich noch nicht eingezogen und in eine Uniform gesteckt hat. Denk an deine Brüder. Mir reicht's, daß sie an der Front sind.«

Ich hielt dagegen: »Aber vielleicht habe ich Glück und werde gar nicht eingezogen, wenn ich Fronttheater mache. Das ist auf jeden Fall ungefährlicher als Rußland.«

Das Argument hat meinen Vater überzeugt.

Am 23. März hieß es: Vorhang auf, wir kommen!

Wir fuhren nach Paris, und zunächst erschien mir unser Einsatz als Truppenbetreuer tatsächlich als die fröhlichste Form der Unterhaltung. Obwohl Krieg herrschte, kam mir das Leben in Paris unbeschwert vor. Wir wohnten in einem Luxushotel am Place Vendôme – große Zimmer, Bad, französisches Bett, befrackte Kellner, Champagner.

Von meinem Vorschuß ließ ich mir am nächsten Tag von einem Schneider meinen ersten Anzug anfertigen: einen breitgestreiften, dunkelblauen Zweireiher von einem Schnitt und einer Qualität, wie es sie in deutschen Geschäften schon lange nicht mehr gab.

Unseren ersten Auftritt hatten wir in einer Flakbatterie, die auf einem Rangierbahnhof stationiert war. Unsere Revue kam bei den Soldaten gut an. Wir boten ihnen eine Illusion, die sie für einen Abend die Angst und den Krieg vergessen ließ, und sie belohnten uns mit ihrer Heiterkeit und unbeschwertem Lachen. Nach unserer ersten Show wurden wir zu einem kleinen Imbiß und Umtrunk eingeladen. Es gab echten französischen Cognac. Ich war gerade sechzehn und hatte keinerlei Erfahrung mit hochprozentigen Sachen – ich stürzte ein Glas nach dem anderen herunter. Na ja, das Ende war abenteuerlich. Irgendwann kippte ich um, man lud mich in einen Wagen und fuhr mich ins Hotel. Der Chauffeur war auch nicht mehr nüchtern und wählte als Abkürzung einen ungewöhnlichen Weg: immer den Eisenbahnschienen entlang.

Der Krieg ging weiter, und auch das Leben ging weiter. Anfang Juni 1944 führte uns unsere »Tour de France« auf die Halbinsel Cotentin nach Cherbourg. Auch hier haben wir für die Soldaten gespielt, die fieberhaft damit beschäftigt waren, die Stellungen an der Küste auszubauen. Es kursierten bereits die Gerüchte von der bevorstehenden Invasion, und auf deutscher Seite herrschte höchste Alarmbereitschaft.

Die Nächte waren erfüllt vom Motorengedröhn Tausender von Flugzeugen – feindlichen Flugzeugen – die mit ihrer tödlichen Bombenlast in Richtung Heimat flogen. Da wurde mir plötzlich klar, wie gefährlich unsere Situation war. Das war kein »Fronttheater« mehr, es wurde ernst, es ging ums Überleben.

Nur nicht aus Liebe weinen, sangen meine fünf Kolleginnen auf der Bühne, als die Hölle losbrach. Mitternacht war eben vorbei, da kam die Meldung, daß in unserem Rücken alliierte Fallschirmspringer gelandet seien.

Die Nachricht wurde zunächst von vielen nicht ganz ernst genommen. Man war keineswegs davon überzeugt, daß die eigentliche Invasion der Alliierten schon begonnen hatte, und glaubte vielmehr an ein Ablenkungsmanöver. Außerdem wurde der Gegner unterschätzt. Man fühlte sich dem Ansturm gewachsen und beteuerte: »Die Amis und Tommys schmeißen wir wieder raus.«

Aber am Ende der längsten Nacht stand fest, daß die alliierten Landetruppen Fuß gefaßt hatten. Die Halbinsel Cotentin war abgeschnitten. Vor der Küste dümpelte eine riesige Flotte.

Es war klar, daß Cherbourg in wenigen Tagen eingekesselt sein würde, und wir saßen in der Falle.

Was sollten wir jetzt machen?

»Im Hotel ist es viel zu gefährlich«, sorgte sich ein Hauptmann. »Kommt in meine Flakstellung.«

Wir blieben dort ein paar Tage und erlebten jetzt den Krieg, wie er wirklich war: Als ein Munitionsdepot in die Luft flog, gab es die ersten Toten und Verwundeten. Man gab unserer Gruppe Armbinden vom Roten Kreuz, und wir versuchten im Lazarett irgendwie zu helfen.

Der Angriff auf Cherbourg ging weiter, und zum erstenmal in meinem Leben hatte ich richtig Angst – Todesangst.

Dann kam die Meldung, daß drei deutsche Schnellboote den Durchbruch geschafft und Cherbourg angelaufen hätten. Die Verwundeten sollten an Bord gebracht werden – und auch die Mitglieder des Fronttheaters.

Der Kommandant erklärte sich tatsächlich bereit, uns mitzunehmen, wies aber auch auf das große Risiko des Unternehmens hin.

»Wir müssen durch Linien der englischen Flotte«, warnte er uns. »Da kann alles passieren. Wir können nur hoffen, daß sich die Engländer an die Genfer Konventionen halten und den Verwundetentransport nicht unter Beschuß nehmen.«

Bevor wir an Bord gingen, durften wir uns in dem riesigen Vorratslager im Hafen von Cherbourg mit Proviant für die Schiffsreise eindecken: Unsere »Henkersmahlzeit« bestand aus Zigaretten, Kaffee, Alkohol und Lebensmitteln.

Nachts war es dann soweit. Im Schutze der Dunkelheit liefen die Boote aus dem Hafen und nahmen Kurs auf Saint Malo. Ein heftiger Nordwestwind wehte, und Regenschauer peitschten über das Deck. Als sich meine Augen an das diffuse Licht gewöhnt hatten, sah ich die riesige Invasionsflotte – jedes Schiff eine riesige schwarze Bedrohung.

Mensch, hatten wir ein Glück! Die Engländer blieben ruhig, und kein Schuß fiel.

Hinter uns verschwand Cherbourg in der Dunkelheit – eine tote Stadt, ihr Untergang ist Geschichte.

In einer Funkbotschaft schilderte Kommandeur Schlieben die Lage: »Truppe erschöpft und ausgehungert ... Verlust der Stadt in Kürze unvermeidlich ... zweitausend Verwundete unversorgt ... Ist die Opferung der Überlebenden nötig?«

Rommels knappe Antwort: »Gemäß Führerbefehl müssen sie bis zur letzten Patrone Widerstand leisten.«

Etwa tausend demoralisierte Soldaten hatten sich in einem Bunker verschanzt, dessen Lüftungsanlagen nicht funktionierten, so daß sie zu ersticken drohten. Erst als die Amerikaner eine Sprengung vorbereiteten, gab Schlieben auf, befahl, die weiße Fahne zu zeigen, und stieg mit seinen Soldaten ans Tageslicht. Die Männer waren heilfroh, sich ergeben zu können.

Man fragte den amerikanischen Kommandeur Bradley, ob er den besiegten feindlichen General nicht zu Tisch bitten wollte.

»Wenn er vier Tage vorher kapituliert hätte, hätte ich ihn eingeladen«, sagte Bradley. »Aber nachdem seine Handlungsweise uns so viele Menschenleben gekostet hat – nicht!«

Gott sei Dank habe ich diese letzten makaberen Tage von Cherbourg nicht mehr miterleben müssen. Wir waren noch einmal davongekommen und erreichten Saint Malo im Morgengrauen.

Auch hier stand uns das Glück zur Seite. Just in dem Augenblick, als wir in die Schleuse einliefen, wurde Tiefffliegeralarm gegeben. Links und rechts von uns detonierten die Bomben, allerdings ohne großen Schaden anzurichten.

Anschließend wurden wir in einem Hotel untergebracht. Kurios: Hier schien der Krieg wieder in weiter Ferne zu sein. Kellner im Frack servierten uns ein Frühstück wie in Friedenszeiten.

Es war die Ruhe vor dem Sturm. In der Normandie waren die Alliierten weiter auf dem Vormarsch. Die Situation wurde immer brenzliger, und ich kehrte schließlich mit einem LKW-Konvoi via Paris nach Wiesbaden zurück.

Auch zu Hause hatte sich die Lage verändert. Die Bombenangriffe nahmen zu, und wir verbrachten die meiste Zeit im Keller. Als eine Brandbombe unser Haus traf, wurden wir von Nachbarn aufgenommen, die schräg gegenüber wohnten – Gottlob hat mein Klavier den Angriff heil überstanden. Wir bezogen eine Dachwohnung, in der meine Eltern bis zu ihrem Lebensende gewohnt haben.

Um seine zerschlagene Armee aktionsfähig zu halten, hatte Hitler inzwischen den Befehl zu einer Masseneinziehung aller deutschen Männer zwischen sechzehn und sechzig Jahren gegeben. Zum Glück konnte mein Vater dank seiner Stellung bei einer Wehrmachtsdienststelle verhindern, daß ich noch in den letzten Kriegswochen an die Front geschickt wurde.

Man zog mich zwar zunächst zum Reichsarbeitsdienst ein und steckte mich dann auch in eine Uniform, aber glücklicherweise blieb ich in einem hessischen Dorf bei Wiesbaden stationiert, in dem ich das Kriegsende erlebte.

Zwei Tage bevor die Amerikaner in Wiesbaden einmarschierten, wollte man mich und meine Kameraden noch zu »Helden« machen. Nach der Parole »Glauben! Gehorchen! Kämpfen!« sollten wir uns in einem Dorf verbarrikadieren und den Feind bis zur letzten Patrone bekämpfen. Ich wollte kein »Held« sein und bin einfach weggelaufen. Nach ein paar Kilometern traf ich einen Bauern, der sofort über meine Situation im Bilde war.

»Komm, Junge«, sagte er. »Es ist besser, wenn du dein Gewehr wegwirfst und deine Uniform ausziehst.« Er führte mich in sein Haus und gab mir Zivilkleider. Später habe ich in der Dunkelheit meinen Karabiner vergraben.

Ich hielt mich zwei Tage auf dem Bauernhof versteckt, dann machte ich mich auf den Weg nach Wiesbaden. Unterwegs lief ich den vorrückenden amerikanischen Soldaten geradewegs in die Arme. Drei Amis mit Maschinenpistolen griffen mich auf und führten mich zu einem ihrer Offiziere – er roch nach Pfefferminzkaugummi und Virginiatabak.

»Papers«, forderte der Offizier.

Ich gab ihm meinen Ausweis.

Als er mein Geburtsdatum sah, meinte er nur: »Go home, boy.«

Mir fiel ein Stein vom Herzen. Zwei Tage später kam

ich in Wiesbaden an. Meine Eltern waren überglück-
lich, mich wiederzusehen.

FÜNFTES KAPITEL

The lady is a tramp

CATERINA VALENTE:
EIN STAR WIRD
GEBOREN

*»Es gab die ersten bunten Abende
in kalten, kargen Sälen, und als
Eintrittsgeld brachten die Leute Briketts mit,
damit die Räume geheizt
werden konnten.«*

Der Krieg war aus, aber der Kampf ums Überleben ging weiter. Wir alle hatten Hunger, und jeder wollte wieder arbeiten. Die Lebensmittel waren rationiert. Eine geringe Menge an Fleisch, Magermilch oder Zucker gab es nur gegen »Marken«, die Abschnitte auf den Lebensmittelkarten.

Für den 11. bis 20. des Monats waren 1 500 Gramm Brot, 350 Gramm Mehl, 500 Gramm Zucker, je 75 Gramm Margarine und Butter und je 250 Gramm Hülsenfrüchte und Nährmittel vorgesehen.

Das reichte natürlich nicht, aber es gab keine Möglichkeit, auf legale Weise an Nahrungsmittel heranzukommen. Die Tauschwirtschaft und der Schwarzhandel florierten. Ein Ei kostete zehn, eine amerikanische Zigarette zweihundertfünfundvierzig, ein Pfund Butter zweihundertfünfzig, ein Pfund Bohnenkaffee gar tausendfünfhundert Reichsmark.

Gott sei Dank befand ich mich in dem von der US-Armee besetzten Gebiet. Wiesbaden war Garnisonsstadt, und die amerikanischen Clubs suchten Musiker; das kam meinen musikalischen Neigungen natürlich sehr entgegen.

Ich swingte mich damals recht schnell aus den Mannschaftsmessen in die Offizierskasinos hoch und dann in die Clubs. Eine der beliebtesten Nummern dieser Zeit war *Sentimental Journey*. Der Krieg war zu Ende, und viele Amerikaner wollten natürlich so schnell wie möglich zurück in die Heimat, und da ist dieser Hit entstanden, den Les Brown gespielt und Doris Day gesungen hat.

Ich hatte inzwischen auch das ganze Glenn-Miller-

Repertoire einstudiert, weil ich glaubte, die Amerikaner seien ein swingendes Volk. Dem war gar nicht so. Denn immer wieder hieß es: »Can you play, ick hab' mein Herz in Heidelberg verloren ...«

Inzwischen war mein zweitältester Bruder aus der Gefangenschaft zurückgekehrt. Er war zu einem Skelett abgemagert und mußte dringend wieder aufgepäppelt werden, aber dazu hätte es der Lebensmittel-Ration der ganzen Familie bedurft. Wir mußten uns also etwas einfallen lassen, und ich hatte eine Idee.

»Paß auf«, sagte ich zu ihm. »Du trägst mir jeden Tag das Akkordeon in den Club. Dann stellst du dich in die Essenholerschlange und besorgst dir eine Portion. Das fällt in dem Gedränge gar nicht auf.«

Die Sache funktionierte, und acht Wochen später war mein Bruder nicht mehr wiederzuerkennen, er hatte zugenommen und die körperlichen Strapazen, denen er in der Gefangenschaft ausgesetzt war, überwunden. Außer einer warmen Mahlzeit gab's in dieser Anfangszeit pro Woche eine Stange Zigaretten und eine Büchse Kaffee als Bezahlung. Ich habe alles zu Hause abgeliefert, und mein Vater hat meine Gage dann auf dem schwarzen Markt gegen Butter und Speck eingetauscht. Das war zwar verboten, und hin und wieder wurden auch Razzien durchgeführt, aber zum Glück wurde mein Vater niemals geschnappt.

Auch was meinen musikalischen Werdegang betrifft, waren es verrückte Zeiten. Ich war Mitglied in verschiedenen Combos, in kleineren und größeren, und die Musiker wechselten relativ oft. Ich spielte damals gleichzeitig im *Red Cross Club,* der sich im Wiesbadener Kurhaus befand, und in der Offiziersmesse, dem heutigen *Schwarzen Bock*.

Der *Red Cross Club* war ein reiner Kaffeeclub. Da gab es hübsche Hostessen, von denen die Soldaten mit Kaffee, Zigaretten und Zeitungen versorgt wurden.

Inzwischen war unsere Combo auf sieben Musiker angewachsen: Trompete, Klarinette, Saxophon, Gitarre, Baß, Schlagzeug und Piano.

Ich spielte jetzt vorwiegend Klavier, und mein musikalisches Vorbild dieser Jahre war George Shearing. Ich war damals ein großer Jazz-Fan und die meisten der Musiker, die meiner Combo angehörten, auch. Wir nannten uns *Swing-Stars* und haben viele erfolgreiche Konzerte gegeben – nicht nur für die amerikanischen Soldaten, sondern auch für unsere Landsleute.

Es gab die ersten bunten Abende in kalten, kargen Sälen, und als Eintrittsgeld brachten die Leute Briketts mit, damit die Räume geheizt werden konnten.

Heinz Schenk war unser Conferencier. Er hatte auf dem Konservatorium in meiner Heimatstadt Wiesbaden studiert. Sein Witz und seine Schlagfertigkeit kamen schon damals beim Publikum an. Später ging er zum Rundfunk und wurde durch die Sendung *Frankfurter Wecker* bekannt. Richtig populär machte ihn aber das Fernsehen, als er 1966 von Otto Höpfner die hessische Fernseh-Äppelwoiwirtschaft *Zum Blauen Bock* übernahm und über hundertmal moderierte.

Heinz Schenk belustigte mit seinen Sketchen das Publikum, und wir zogen es auf die Tanzflächen.

Erinnern Sie sich noch an die Hits dieser Zeit?

Caprifischer – Im Hafen von Adano – Wer soll das bezahlen – Sing Nachtigall, sing.

Dazwischen spielten wir aber auch internationale Melodien und Evergreens und ließen hin und wieder zwei oder drei Jazzstücke einfließen.

Sing, Sing, Sing – I found a new Baby – Moonlight Serenade.

Aber in erster Linie wollte das Publikum schon damals wie auch heute Schlager hören. Der Jazz ist eben nicht für die breite Masse gemacht.

Heute sind in meiner Bigband dennoch viele exzellente Jazzer vertreten, und ich bin sehr froh darüber, denn aus Erfahrung weiß ich, daß ein guter Jazzmusiker immer ein hervorragender Mann für die Tanzmusik ist. Und außerdem hat sich meine Vorliebe nicht geändert: Jazz war und ist für mich die Hauptsache, und es wird sie immer bleiben.

Einen der Größten des Jazz habe ich in der Nachkriegszeit in Frankfurt gehört und kennengelernt, den legendären Louis Armstrong. Das bleibt für mich ein unvergeßliches Erlebnis. Armstrong spielte *Ole Miss,* und das Publikum war außer Rand und Band.

Nach dem Konzert fragte er mich: »You like my music?«

Satchmo! Was sollte man da viel sagen. Für mich war er der Größte. Was für ein Musiker! Was für ein Ton! Er spielte ganz einfach wunderschönen Jazz.

»Yes I like it«, antwortete ich.

Louis schmunzelte und zeigte nach oben.

»I hope, he likes it too«, sagte er und meinte damit wohl den lieben Gott.

Ich war inzwischen aus der elterlichen Wohnung ausgezogen und jazzte auf verschiedenen großen Jam-Sessions mit. Mit meiner Combo habe ich auch Konzerte im Amerika-Haus gegeben und im sogenannten IG-Farbenhochhaus, das die Amerikaner wie vieles andere beschlagnahmt hatten. Es gab dort zwei Gartenhäuser. In dem einen wurden wir untergebracht, in dem anderen die Edelhagen-Big-Band.

Kurt Edelhagen startete seine Karriere zur selben Zeit wie der Geiger Helmut Zacharias, der Harfenist Jonny Teupen und ich. Wo damals Musik gemacht wurde, da waren die *Großen Vier,* wie uns die Presse später nannte, vertreten.

Helmut Zacharias, einer der besten Jazz-Geiger Deutschlands, stammt aus Berlin. Auch sein Vater war Geiger und Komponist. Schon als Vierjähriger erhielt Helmut von ihm Violinenunterricht und trat mit sechs Jahren zum erstenmal im Kabarett *Faun* in Berlin als Geiger und Dirigent auf. Später war er Schüler an der Hochschule für Musik in Berlin, dort unterrichtete ihn Professor Dr. Gustav Havemann. In dieser Zeit wurde ihm der Kreisler- und der Molique-Preis verliehen. Während des Krieges unternahm er mit dem Berliner Kammerorchester unter Hans von Benda Konzerttourneen durch ganz Europa, und später wurde er Soldat. Kurz nach Kriegsende spielte er mit eigenem Ensemble erstmals wieder am Berliner Rundfunk. In den folgenden Jahren wurden seine Geigeninterpretationen zu einem festen Bestandteil der Unterhaltungsmusik.

Eine ähnliche Wunderkind-Karriere absolvierte Jonny Teupen. Er trat auch schon als Zehnjähriger in öffentlichen Klavierkonzerten auf. An der Berliner Musikhochschule lernte er Zacharias kennen und übte mit ihm gemeinsam vierhändig Klavier.

»Wir haben uns öfter gezankt, weil Helmut lieber in Fis-Dur und ich lieber in F-Dur spielte«, erzählte mir Jonny.

Später brachte Zacharias Jonny Teupen den Jazz näher. Teupens Pflegevater, Professor Saal aus Berlin, war jedoch damit nicht ganz einverstanden und forderte ihn auf, Harfe zu spielen. Während Jonny in der Berliner Staatsoper klassisch in die Saiten griff, entstanden zu Hause die ersten Jazz-Arrangements.

Teupen selber zählte sich zu den Unterhaltungsmusikern. »Bei Konzerten bilde ich dann den richtigen Übergang von Debussy zum Beat«, sagte er einmal flachsend zu einem Reporter.

Sein Repertoire reicht natürlich weit darüber hinaus (Teupen im Originalton: »Neulich habe ich mir an einem Stockhausen-Stück die Finger zerschunden.«) und am liebsten »hängt« er sich an die Harfe, um eigene Kompositionen zu spielen. Erfolgreich war er auch beim Komponieren von Filmmusik, er hat beispielsweise für die deutsche Produktion der Emma-Peel-Filme die Musik geschrieben, und immer wenn Diana Rigg mit Charme und kunstgerechtem Schulterwurf auftaucht, ist Teupens Harfe mit von der Partie.

Wußten Sie, daß sein imposantes Instrument sechsunddreißig Kilo wiegt? Es handelt sich um das Erbstück einer Tante (Wert zwanzigtausend Deutsche

Mark). Teupen spielt seit Jahrzehnten darauf. Sieben Pedale müssen in Sekundenschnelle bedient und sechsundvierzig Saiten zum Klingen gebracht werden. Das ist Schwerstarbeit und erfordert nicht nur musikalisches Talent, sondern auch große Beweglichkeit in Händen und Füßen.

Edelhagen stammte aus Herne in Westfalen und besuchte die Folkwangschule in Essen. 1945 trat er zum erstenmal mit seiner Combo in einem britischen Soldatenclub in Herne auf. In größeren Besetzungen spielte er anschließend in amerikanischen Clubs. 1948 kam er nach Frankfurt zum AFN, für den auch ich arbeitete.

Er spielte mit seiner Big-Band im Sten-Kenton-Stil. Das war für den damaligen Zeitgeschmack eine sehr progressive Musik. Später ließ er sich mit einer international besetzten Big-Band vom Westdeutschen Rundfunk in Köln verpflichten.

Viele seiner Musiker sind ihm gefolgt und in der Domstadt geblieben, wo ich auch heute mein Domizil habe. Sein damaliger erster Trompeter ist heute mein erster Trompeter, sein damaliger zweiter Posaunist ist heute mein erster Posaunist. Und ebenso stieg sein erster Altsaxophonist bei mir ein. Alle, die mit Edelhagen gespielt haben, sind eben sehr gute Musiker.

Ich bin Kurt Edelhagen sehr oft begegnet, und wir haben uns nie als Konkurrenten gefühlt. Dreißig Jahre nach unserem ersten Zusammentreffen haben wir gemeinsam gespielt.

Der Saarländische Rundfunk kam auf die Idee, eine Reihe populärer Orchesterchefs zusammenzubringen.

Zur Verleihung der *Goldenen Europa* sollten wir ein Super-Quartett bilden.

Mit Verlaub gesagt: Unser Zusammenspiel klang bei der ersten Probe ziemlich schräg. Und mein verstorbener Kollege Kurt Edelhagen wird es mir sicherlich nicht übelnehmen, wenn ich erzähle, daß er nach der Probe seine Klarinette und die Notenblätter einpackte und damit im Hotelzimmer verschwand – um zu üben.

Bei einem Kurkonzert in Bad Neuenahr, das wir vier Jahre später gaben, klappte es dann besser, und das Konzert hat riesigen Spaß gemacht. Die Zeitungen waren voll des Lobes und texteten die Schlagzeile: *Beifallstürme für die Großen Vier.*

Wie es zu dem nostalgischen Konzert kam?

Die Musik-Idee wurde am Tresen einer Kneipe in Köln-Junkersdorf geboren. Der Verkehrsdirektor von Bad Neuenahr, Manfred Reimann, hatte den Vorschlag gemacht, daß wir einmal alle zusammen spielen sollten. Nicht nur Edelhagen und Teupen waren von der Idee begeistert. Helmut Zacharias ließ sofort alle Urlaubspläne fallen, und auch ich sagte spontan zu.

»Dieser Auftritt ist unbezahlbar, darum machen wir es auch umsonst«, sagten wir, und auch darin waren wir einig.

Vor über viertausend begeisterten Besuchern, die trotz eines großen Fußballspiels gekommen waren, zeigten wir vier *Evergreens,* daß wir noch ganz die alten waren und unser Handwerk nicht verlernt hatten.

Aber zurück nach Frankfurt, wo nach dem Krieg die Musik Trumpf war.

Die Amerikaner hatten dort ein kleines Hotel für die Unterhaltungstruppe beschlagnahmt. Ich erhielt dort ebenfalls ein Zimmer. Abends fuhren Busse und LKWs vor, holten die Künstler ab und brachten sie in die einzelnen Clubs der Umgebung.

Im Hotel wohnten auch die Valentes. Sie führten das harte Artistenleben einer Zigeunerfamilie. Vater Guiseppe war Spanier und trat als Akkordeon-Virtuose »Di Zazzo« auf. Die italienische Mutter Maria spielte dreiunddreißig Instrumente und zählte damals zu den besten weiblichen Musical-Clowns der Welt. Caterina und Silvio, die begabten Artistenkinder, parodierten die südamerikanische Kunst.

Caterina war in Paris geboren, und sie erzählte mir von den harten Jahren, die ihre Familie durchstehen mußte. 1943 hatten die Valentes während eines Gastspiels im Berliner Wintergarten ihre Habe durch Bomben verloren. Als ein Jahr später alle deutschen Varietébühnen geschlossen wurden, hatte sich Caterina zeitweilig ihren Lebensunterhalt in einem Essener Hotel verdient. Das Kriegsende erlebte die Familie in Breslau, von wo sie in ein russisches Internierungslager in der Ukraine gebracht wurde. Erst anderthalb Jahre später wurden die Valentes wieder freigelassen und mußten neu anfangen.

Caterina fiel mir schon damals durch ihre ungewöhnliche Musikalität, ihr Improvisationstalent und ihr Temperament auf. Sie brachte alle Voraussetzungen mit, um eine Königin des Showbusineß zu werden. Ihre beste Lehrerin zwar zweifellos ihre Mutter. Maria Valente war vom großen Ballettmeister Ceccetti persönlich im zaristischen St. Petersburg, dem heutigen Leningrad, ausgebildet worden.

»Sie lehrte mich nicht nur tanzen, sondern sie erzog mich auch zu Disziplin und Durchhaltevermögen«, erzählte mir Caterina.

Und da eine Tänzerin alter Schule auch gründlich Anatomie studiert hat, wußte Caterina, was nach einem falschen Schritt gegen Schmerzen zu tun war. Während ihr Bruder auf der Bühne ein Solo darbot, ließ sie sich hinter den Kulissen von Helfern mit aller Kraft das verrenkte Bein dehnen – zweifellos eine Roßkur, aber sie schien immer erfolgreich zu sein.

Das Verbot ihrer Mutter, Akrobatik zu üben, schlug sie schon damals in den Wind. Sie arbeitete wie eine Besessene an sich und zeigte alles, was es im Showbusineß gab: Singen, Tanzen, Musizieren und akrobatische Kunststücke. Die unglaublichen Verrenkungen der Schlangenmenschen hatten es ihr besonders angetan.

Wer im Showgeschäft an die Spitze kommen und auf die Dauer oben bleiben will, muß aus hartem Holz geschnitzt sein. Caterina hatte das Zeug dazu. Sie wurde eine Entertainerin der Superlative und kann heute auf ein fünfzigjähriges Bühnenjubiläum zurückblicken.

Sie hat eintausendfünfhundert Titel (Schlager, Lieder und Chansons) gesungen. Sie trat in mehr als hundert Fernsehshows auf. Kein anderer Star der Welt – ausgenommen Sinatra – ist so oft im internationalen Fernsehen erschienen. Sie erhielt mehrere

Goldene Schallplatten, dreimal den Goldenen Bildschirm und den Musik-Oskar. Das ist einsamer Bran-
chenrekord.
Bravo Catrin!

SECHSTES KAPITEL

Night and day

HEISSE PARTIES
IN DER BERLINER
FEMINA-BAR

*»Es wurden Geschäfte geschlossen
und Agenten geworben, Ehen gestiftet
und Ehen zerbrochen. Und hin und wieder
wurde auch ein Star entdeckt.«*

Das Musik-Barometer für meine Karriere stand weiterhin auf »Hoch«. Ich war einer der wenigen Deutschen, der eine feste Anstellung beim AFN, dem amerikanischen Soldatensender bekam. Kurz vor der Währungsreform spielte ich mit meiner Combo jede Woche in einer Lifesendung. Dafür bekamen wir ein Honorar von achthundert Reichsmark. Die Arbeit für den AFN war meine Lehrzeit und gewissermaßen mein Konservatorium. Daraus schöpfe ich noch heute Anregungen, denn die Möglichkeiten, die der AFN uns Musikern in der damaligen Zeit bot, waren optimal. In dem Sender liefen die sogenannten »V-Disk-Platten«. Sie wurden praktisch ohne Entgelt von amerikanischen Stars bespielt. Dadurch war ich in der Lage, Stücke zu hören und abzuschreiben, bevor sie im Radio gesendet wurden. Das waren alle Hits, die gerade in Amerika »in« waren.

Eines Tages meldete sich ein zauberhaftes Mädchen bei mir – ihr Name: Maria Mucke, ihr Wunsch: »Ich möchte singen.«

Ich sah sie zum erstenmal. Ich hatte noch nie etwas von ihr gehört und zögerte einen Augenblick. Da stießen mich die Jungen von der Band in die Seite.

»Engagieren.«

»Was haben Sie für eine Ausbildung?« fragte ich.

»Schauspielerin bin ich. Und ich habe Gesang studiert. Wollen Sie etwas hören?«

Natürlich wollte ich etwas hören und setzte mich ans Klavier.

»Was können Sie denn?«

»Spielen Sie irgendwas.«

Ich entschied mich für ein Lied von Nat King Cole.
Darling, je vous aime beaucoup...
Sie begann zu singen, und sie war einfach umwerfend.
Noch ehe die Nummer zu Ende war, hatte sie uns mit
ihrer Stimme hypnotisiert.
Maria Mucke blieb etwa anderthalb Jahre bei uns. Es
war eine Zeit, an die ich mich sehr gern erinnere.
Schon bald nach unserem Kennenlernen haben wir die
ersten Probeaufnahmen für den Sender Frankfurt
gemacht. Wir spielten eine halbe Stunde und fetzten
richtig los. Dann: endloses Warten.
Schließlich kam Hans-Otto Grünefeldt, der Unterhaltungschef des Senders: »Der Pianist und die Sängerin
sind engagiert. Für die anderen Musiker haben wir
leider zur Zeit keine Verwendung.«
Das war ein verlockendes Angebot für mich. Aber als
ich die langen Gesichter der Jungen meiner Combo
sah, konnte ich nichts anderes antworten als: »Nein,
danke. Ein Engagement kommt nur zusammen mit
meinen Kollegen in Frage.«
Maria Mucke reagierte genauso und lehnte das Angebot ebenfalls ab. Wir wollten nicht, daß die Band
auseinanderbrach.
Später haben wir dann doch zusammen Aufnahmen
für den Sender Frankfurt eingespielt, insgesamt zehn
Titel. Pro Titel gab's zehn Mark, neue Deutsche Mark.
Die D-Mark war inzwischen geboren. Am 20. Juni
1948, einem Sonntag, wurde das alte Geld, die Reichsmark, die Rentenmark und die alliierte Militärmark
ungültig. Geld war wieder wertvoll. Die Stange Zigaretten, die vor der Währungsreform eine Traumgage

war, hatte nun wieder ihren ganz normalen Wert. Und damit begann das vielbestaunte »Wirtschaftswunder«. Das »Wunder« wirkte sich auch auf die Musik-Szene aus. Überall ging es wieder richtig los.

Ich hatte mich inzwischen von meiner Combo getrennt und spielte eine Zeitlang allein. Dann holte mich Freddy Brocksieper in sein *Star-Quintett* nach München.

Maria Mucke blieb in Frankfurt. Sie ließ sich doch noch vom Unterhaltungschef des Senders »engagieren« – als seine Ehefrau.

Sie haben geheiratet und ihr gelang dann mit *La-le-lu* ein großer Hit. Ihr Mann wurde später Fernsehprogrammdirektor beim Hessischen Rundfunk und bekleidete diesen Posten bis 1963.

Grünefeldt war einer der »Männer der ersten Stunde« des deutschen Nachkriegsrundfunks. Seine Karriere begann 1946 bei »Radio Frankfurt«, dem von der amerikanischen Militärregierung betriebenen Vorläufer des Hessischen Rundfunks, als Hörspielinspizent und kurz danach als Nachrichtensprecher.

Seine große Vorliebe galt der populären Unterhaltung, und sein Name ist mit erfolgreichen Hörfunkreihen wie *Wer gegen wen* oder *Der Frankfurter Wecker* ebenso verbunden wie mit späteren Fernsehsendungen, dem *Blauen Bock,* der *Familie Hesselbach* oder *Ein Platz für Tiere,* vor allem aber mit den verschiedenen erfolgreichen Quiz-Sendungen mit Hans-Joachim Kulenkampff.

Aber nicht nur Maria Mucke kam damals unter die Haube. Auch bei mir hatte es 1948 gefunkt. Meine erste große Liebe hieß Gisela. Ich habe sie kurz vor der Währungsreform in Wiesbaden kennengelernt. Ich spielte damals in der Hotelbar vom *Parkhotel*. Dort haben wir zum erstenmal miteinander gesprochen.

Sie war zweiundzwanzig, ich war zwanzig Jahre alt. Gisela wollte Schauspielerin werden und spielte damals eine winzige Rolle am *Kleinen Theater* in Wiesbaden. Ihr Vater kam aus der »Schrottbranche« und machte früh das große Geld. Da einer ihrer Brüder das gleiche musische Gymnasium besucht hatte wie ich, kannten wir uns schon vom Sehen. Nach einer Weile, während der wir befreundet waren, beschlossen wir, zu heiraten. Gisela brachte ein Kind von einem Amerikaner, das später starb, mit in die Ehe.

Die ersten Jahre verstanden wir uns sehr gut. Das änderte sich jedoch, als wir nach Düsseldorf zogen, wo ich im *Breitenbacher Hof* spielte. Meine Frau hatte damals das Gefühl, daß ich mit allen möglichen Frauen flirtete. Aber sie verspürte dennoch den starken Wunsch, ein Kind zu adoptieren. Ich war einverstanden. Aber selbst das Kind konnte uns nicht mehr zusammenbringen, und unsere Ehe drohte zu zerbrechen. Ich fühlte mich in meiner Freiheit eingeschränkt und litt sehr darunter. In dieser Krise lernte ich in Köln die WDR-Reporterin Renata Calani kennen. Sie verstand mich und akzeptierte meine Lebensart.

Ich bezog ein Haus in Bensberg bei Köln. Meine Frau Gisela blieb mit unserem Adoptivsohn Daniel in unserer alten Wohnung in Düsseldorf-Gerresheim. Das war das Ende meiner Ehe, die zwölf Jahre gedauert hatte. Eine Ehe, die schließlich auch an meinem Beruf zerbrach – an den vielen Reisen, Trennungen und der hektischen Betriebsamkeit.

In dieser Zeit entstanden meine ersten Schallplattenaufnahmen mit Freddy Brocksieper. Seine Band war in den fünfziger Jahren in ganz Deutschland populär. Freddy war ein hervorragender Schlagzeuger und bekannt dafür, daß er gute Arrangements schrieb. Er liebte Eleganz und legte großen Wert darauf, daß die Band gentlemanlike auftrat. Sein großes Vorbild war der legendäre Gene Krupa, der Drummer der Swing-Zeit.

Von München ging die Band nach Berlin, wo wir ein Engagement in der berühmten *Femina-Bar* erhielten. Wir bekamen eine fabelhafte Gage! Damals wurden Musiker nach Stunden bezahlt, und der normale Stundenlohn lag bei drei Mark. Da der Chef der *Femina* ein begeisterter Jazz-Fan war, zahlte er uns achtzig Mark pro Tag auf die Hand!

Ich hatte nie im Traum mit einer solchen Bezahlung gerechnet und kam mir vor wie ein Krösus. Einmal im Leben verrückt sein, dachte ich mir und kleidete mich von meiner ersten Gage neu ein: Schuhe, Hemd, Anzug, Krawatte. Es mußte natürlich eine von den großen, breiten, bunten sein, wie sie damals hochmodern waren.

Die *Femina-Bar* war schon vor dem Krieg ein Treff der Berliner High-Society gewesen, und die besten Musiker waren hier aufgetreten: Teddy Stauffer und Gerhard Bauschke, Bands, die schon damals den anderen weit voraus waren.

Im Krieg war das Tanzlokal abgebrannt, übriggeblieben war nur die Bar. In den *Swinging Fünfzigern* traf sich hier bei heißer Musik ein illustres Publikum. Es wurden Geschäfte geschlossen und Agenten geworben, Ehen gestiftet und Ehen zerbrochen. Und hin und wieder wurde auch ein Star entdeckt. Denn im Publikum saßen häufig Produzenten.

In dieser Zeit lernte ich Bully Buhlan und Rita Paul kennen. Sie waren auf dem Weg, das populärste Schlager-Duo der Nachkriegszeit zu werden.

Rita Paul stand zum erstenmal als sechzehnjährige im Einsegnungskleid auf der Berliner Waldbühne. Sie war nicht nur sehr hübsch, sondern auch eine moderne Sängerin, die viele amerikanische Titel gesungen hat.

Bully Buhlan war ein echter Berliner mit Schnauze und viel Herz. Nicht nur seine coole Stimme, sondern sein optimistisches Jungen-Gesicht gepaart mit dem Charme eines Lausbuben garantierten ihm große Sympathie. Gleich nach dem Krieg hatte er sich mit dem damals beliebten Titel *Würstchen mit Salat* in die Herzen der Zuschauer gesungen. *Ich hab' noch einen Koffer in Berlin* interpretierte er seinerzeit so glaubwürdig, daß viele Seufzer im Parkett seinen Gesang begleiteten. Dieser Hit war gewissermaßen die klingende Luftbrücke zwischen der Bundesrepublik und West-Berlin. Mit *Ham se nich 'ne Braut für mich* und *Ich hab' mich so an dich gewöhnt* schenkte er dem Publikum nach den schwermütigen Seufzern die gefragte Lebenslust wieder. Wenn ihm mit einem kleinen Kick in der Stimme dann *Mir ist so komisch zumute* war, begleitete ihn dankbarer Beifall.

In Erinnerung geblieben sind auch seine Duette mit

Rita Paul. Den Sound von *Baby, es regnet doch* könnte man sogar heute noch fast mit *cool* bezeichnen.

Die Lieder und der Erfolg dieses berühmten Duos gehören längst der bundesdeutschen Geschichte an.

Rita Paul heiratete später einen amerikanischen Wissenschaftler und lebte sieben Jahre in den USA. Dann kam sie zurück und spielte Kabarett – mit großem Erfolg.

Bully Buhlan, dessen Stimme 1982 für immer verstummte, blieb bis zu seinem Tod seinen alten Hits treu. Mit seiner typisch schnoddrigen Art lavierte er sich immer so durch. Sein Lied *Lieber Leierkastenmann* war nur noch auf Kaffeefahrten gefragt. Der einst so populäre Schlagersänger trat immer seltener im Fernsehen oder in Rundfunksendungen auf – eigentlich nur dann, wenn es um musikalische Rückblenden ging.

1982 starb Bully Buhlan im Alter von achtundfünfzig Jahren in seinem Haus in Berlin-Zehlendorf. Herzinfarkt. Niemand hatte geahnt, daß er krank war. Ich erzähle das alles, weil ich Bully niemals vergessen werde. Wer mit ihm gearbeitet hat, mußte ihn gern haben.

Auch mich hätte man damals um ein Haar als Schlagersänger entdeckt. Nils Nobach, ein Produzent aus Köln, sagte zu mir: »Sie sind ein Typ, den die Leute mögen. Vor allem haben sie aber Musik im Blut. Kommen Sie doch mal ins Electrola-Studio, wir können ein paar Probeaufnahmen machen.«

Ich war skeptisch: »Aber meine amerikanischen Lieder lassen sich wahrscheinlich nicht so gut verkaufen.«

Nobach nickte: »Klar. Sie müssen natürlich deutsch singen.«

Tango Max und *Wer soll das bezahlen* hießen die deutschen Schlager jener Jahre. Diese Musik reizte mich nicht besonders, und ich lehnte zunächst einmal das Angebot ab. Ich wollte Sachen spielen, die mir Spaß machten – Jazz. Das Problem war nur, daß der Jazz nicht viel einbrachte.

Nach kurzer Zeit machte die *Femina-Bar* Pleite und das *Star-Quintett* löste sich auf. Ich war froh, daß ich in einer Düsseldorfer Hotelbar einen Job als *Mann am Klavier* fand.

SIEBTES KAPITEL

Lover man

DIE ZWEI GESICHTER
DES PETER ALEXANDER

*»Trotz aller Erfolge
ist er der hochgewachsene Junge
mit dem Lausbubengesicht geblieben.
Er lacht wie ein Junge –
ein Junge von sechzig Jahren ...«*

Düsseldorf war Anfang der fünfziger Jahre meine neue Heimat geworden. Meine Schwiegereltern hatten ein Haus im Stadtteil Gerresheim. Meine Frau und ich zogen in die oberste Etage.

Mein Job als Mann am Klavier im Hotel Breidenbacher Hof brachte regelmäßiges Geld und ließ mir tagsüber noch Zeit, Arrangements zu schreiben. Schon als Schüler hatte es mir großen Spaß gemacht, ein Musikstück so aufzulösen und niederzuschreiben, daß jeder Mann im Orchester weiß, wann er was zu spielen hat. Man könnte die Arbeit eines Arrangeurs mit dem eines Schneiders vergleichen, der jedem Musiker in der Band einen Maßanzug verpaßt.

Meine Werke konnte ich jedoch vorerst nur in der Schublade deponieren. Noch hatte ich nicht den Mut, sie vorzulegen. Ich war ja Autodidakt und hatte wenig Erfahrung.

Bis dato hatte ich erst einmal einen Auftrag für ein Arrangement erhalten. Das war in meiner Frankfurter Zeit gewesen. Willy Berking, der damals das Orchester des Hessischen Rundfunks leitete, hatte mich gefragt, ob ich ein Stück für seine Big-Band arrangieren wolle. Ich hatte natürlich zunächst Manschetten.

»Ich weiß nicht.«

»Keine Ausreden«, knurrte Berking.

Er hat mir gut zugeredet, und irgendwann habe ich mir dann Notenpapier gekauft und die erste C-Partitur geschrieben. Es dauerte ungefähr eine Woche. Als ich das Arrangement fertig hatte, habe ich es Berking vorbeigebracht.

Dann habe ich eine Weile überhaupt nichts von ihm

gehört. Ich war furchtbar unsicher, ob ich alles richtig gemacht hatte. Es hätte ja sein können, daß er die Noten an seine Musiker verteilt hatte, und eine entsetzliche Katzenmusik bei der ersten Probe zu hören bekommen hatte.

Zwei Monate später sah ich Willy Berking bei einem Konzert wieder. Zuerst bin ich ihm aus dem Weg gegangen, denn ich hatte Angst, daß meine Arbeit durchgefallen war. Dann entdeckte er mich doch, erwähnte aber mit keinem Wort das Arrangement. Schließlich faßte ich mir ein Herz und sagte: »Entschuldigen Sie, Herr Berking, darf ich Sie etwas fragen?«

Er blickte mich interessiert an.

»Was ist eigentlich aus dem Arrangement geworden, daß ich für Sie geschrieben habe?«

Er begann zu grinsen.

»Das haben wir längst aufgenommen. Wollen Sie weiter schreiben?«

Klar, wollte ich weiter schreiben.

»Wie wär's mit einer Jazz-Nummer?« fragte er.

Ich war natürlich Feuer und Flamme. Das zweite Arrangement, das ich für ihn geschrieben habe, war der C Jam Blues, ein altes Thema von Duke Ellington. So kam ich endlich dazu, meiner Lieblingsbeschäftigung nachzugehen.

Oft werde ich gefragt, was das Wichtigste an dieser Arbeit ist. Mit einem Wort: Die Klangvorstellung – man muß sich vorstellen können, wie ein Stück überhaupt klingt, sonst kann man nicht arrangieren. Dann muß man sich Gedanken machen, wie man das Stück anlegt. Soll es eine heiße Nummer werden oder eine ruhige Melodie. Klingt es besser in einem schnellen oder in einem langsamen Tempo? Benutze ich vorwiegend Saxophone? Muß ich noch Streicher dazu nehmen? Schließlich kann man ja fast jedes Stück in jeder gewünschten Form machen.

Meine Vorbilder?

Count Basie. Das ist der Sound, an dem sich auch heute noch die meisten Big-Bands orientieren und den viele Arrangeure am liebsten schreiben würden – allerdings etwas moderner, eben so wie Basie klingen würde, wenn er noch leben würde.

Basie ist die Basis. Selbst wenn man ihn nicht kopieren will, schreibt man automatisch so ähnlich wie er, weil wir uns so an seinen Sound gewöhnt haben.

Ob ich meinen eigenen Stil gefunden habe? Sicherlich in meiner jetzigen Besetzung. Die Big-Band ist etwas kleiner. Also bin ich schon von der Instrumentierung her gezwungen, ganz anders zu arrangieren. Eine kleine Besetzung entspricht meiner Meinung nach eher der heutigen Zeit, einmal aus musikalischen Gründen, zum anderen ist ein solches Orchester flexibler als eine riesige Big-Band. Was unseren Stil angeht, so versuche ich immer ein bißchen Jazz mitschwingen zu lassen.

Warum Jazz? Weil die Musiker daran mehr Spaß haben und richtig loslegen können. Selbst altgediente Leute, die schon seit langem dabei sind, leben bei Jazz plötzlich auf. In den Arrangements muß man den Solisten die nötige Freiheit zum Improvisieren geben. Die Musik ist dann viel lebendiger. Manchmal spielen wir auch zwischen einem Arrangement ganz ohne Noten.

Dann ist zwar der kompakte Klang weg, aber die Musik sprüht dann plötzlich vor Leben. Zum Schluß spielen wir dann wieder ein schönes Arrangement.

Aber bleiben wir noch eine Weile in Düsseldorf, dem Düsseldorf der fünfziger Jahre. Meine Frau und ich hatten am Rhein einen netten Freundeskreis – Leute, die vor allem für eines Interesse hatten: für Jazz.

Es war keine traurige Zeit. In der schicken Wohnung meiner Schwiegereltern feierten wir so manche Party. Und alle kamen: Die Leute vom Rundfunk und von den Plattenfirmen, Orchesterchefs und Barbesitzer, Musiker und Sänger.

Vor dem Haus blitzte mein uralter Gutbrod-Wagen, den eine dicke Schicht Lackpolitur zusammenhielt. Klappern gehört zum Handwerk, sagte meine Frau, und wahrscheinlich hat dieser Satz noch heute Gültigkeit: nichts ist für einen Künstler tödlicher, als wenn die wichtigen Leute glauben, er hätte einen Auftrag dringend nötig. Dann läßt man ihn schmoren. Hat man aber einen Namen und ausreichend Geld, klingelt das Telefon unentwegt, und man kann sich vor Angeboten kaum retten.

Ich bekam in dieser Zeit mit dem Tanzorchester des WDR Kontakt. Eines abends kam der Leiter, Adalbert Luczkowski, in den Breidenbacher Hof und fragte mich, ob ich für seinen Pianisten einspringen könne, der sehr krank sei. Ich habe sofort zugesagt, und zum erstenmal in meinem Leben spielte ich in einem großen Tanzorchester mit.

Luczkowski war zufrieden: »Wir kommen wieder auf Sie zu, Herr Kuhn.«

Der alte Pianist möge mir verzeihen: aber daß seine Krankheit sich als furchtbar langwierig erwies, war mein Glück. Nach einiger Zeit saß ich ständig im Kölner Tanzorchester.

Köln war schon damals eine Stadt voller Musik. Es gab mehrere große Studios, und ich erhielt sogar von Plattenfirmen Anrufe. Ich wurde immer häufiger in die Studios bestellt. Die Plattenfirmen unterhielten keine eigenen Orchester und für jede Aufnahme wurden ein paar Musiker zusammengetrommelt, die ihr Metier beherrschten. Damals beispielsweise die Streicher von Luczkowski, die Bläser von Edelhagen – und auch ich war sehr oft dabei.

Ich avancierte zum Studiomusiker, und es ist sicher schwer, einen Hit aus den frühen fünfziger Jahren zu finden, bei dem ich nicht am Klavier gesessen habe.

Damals wurde ich auch für den Film »entdeckt«. Musikfilme waren hochmodern, und ich habe in einem halben Dutzend solcher Streifen mitgewirkt.

An einen Film erinnere ich mich besonders, weil sein Titel ein Sinnbild für meine Situation war: *Wie werde ich Filmstar.*

Die charmante Bibi Johns war meine Partnerin, eine Künstlerin, die ich schon damals verehrte. Später gingen wir zusammen auf Tournee, und seit dieser Zeit verbinden uns viele gemeinsame Erinnerungen.

Die Zeit war noch nicht so hektisch wie heute. Man hatte mehr Zeit für Freundschaften und Kontakte. Ich bin mit Bibi auch heute noch befreundet.

Wie wird man nun Filmstar? Tja, das weiß ich bis heute nicht.

Es waren ja keine besonders aufregenden Rollen, die man mir anbot. Kein Faust und kein Hamlet, kein Dr. Mabuse und kein James Bond.

Meistens wußte ich vor den Dreharbeiten lediglich, wann ich in welchem Studio zu erscheinen hatte. Wie der Film hieß, sagte mir keiner, und von der Handlung hatte ich erst recht keine Ahnung.

Erst später, wenn ich zufällig an einem Kino vorbeikam, erfuhr ich den Titel. Zum Beispiel: *Liebe, Tanz und tausend Schlager.*

Meine Film-Aktivitäten beschränkten sich darauf, daß ich ein Liedchen zu singen oder einfach nur einen Pianisten zu mimen hatte. Einmal verwandelte man mich in einen Sizilianer: schwarze Perücke, lange Koteletten, Edel-Schnäuzer. Ich sollte einen feurigen Papagallo spielen. Ich weiß bis heute nicht, ob die Herzen der Frauen tatsächlich höher schlugen.

In jener Zeit lernte ich einen schüchternen Nachwuchssänger mit einem Lausbubengesicht kennen, der einer der erfolgreichsten Entertainer im deutschsprachigen Raum werden sollte: Peter Alexander.

Peter der Große, wie man ihn heute mit Recht nennt, fiel mir schon damals durch sein professionelles Arbeiten und seine Kollegialität auf.

Eigentlich hieß er Peter Alexander Neumaver. Er stammte aus Wien und war der Sohn eines Bankrats. Er sang seit seinem fünften Lebensjahr bei den Wiener Sängerknaben und brachte sich seit seinem fünfzehnten Lebensjahr Klavierspielen bei. Nach dem Besuch eines humanistischen Gymnasiums in Wien und dem Notabitur 1944 wurde er Luftwaffenhelfer, Arbeitsdienstmann und Marinesoldat. Nach Kriegsende und der Entlassung aus englischer Gefangenschaft begann er ein Medizinstudium, nahm dann aber Schauspielunterricht am Max-Reinhardt-Seminar und studierte an der Akademie für Musik und darstellende Kunst. 1952 begann er seine Karriere als Filmschauspieler mit *Königin der Arena,* und gleichzeitig machte er die ersten Schallplattenaufnahmen. Im Frühling 1953 gewann er den Münchner Schlagersängerwettbewerb vor Vico Torriani, Gerhard Wendland und Lys Assia.

Ein kometenhafter Aufstieg begann. Peter Alexander produzierte unzählige Schallplatten und wurde ein ständiger Gast im deutschen Fernsehen. 1980 erhielt er die größte *Goldene Kamera,* nachdem ihn die Leser der Programmzeitschrift *HÖR ZU* zum *Größten Star aller Zeiten* gewählt hatten.

Und ein Nachfolger ist nicht in Sicht!

Ich sage das, weil ich die Gelegenheit und das Glück hatte, in vielen Sendungen mit Peter zusammenarbeiten zu können.

Trotz aller Erfolge ist er der hochgewachsene Junge mit dem Lausbubengesicht geblieben. Er lacht wie ein Junge – ein Junge von sechzig Jahren, der vor jeder Veranstaltung großes Lampenfieber hat.

»Mein Lampenfieber wird immer schlimmer«, gestand er mir einmal vor einer Sendung. »Hoffentlich geht alles gut.«

Dieses »Hoffentlich geht alles gut« ist ein geflügeltes Wort von ihm.

Ich beruhige ihn dann immer: »Peter, was soll denn

schon schiefgehen? Gestern ist doch auch alles gutgegangen.«

Prompt war ich es, der dann in der Show gepatzt hat. Ich wollte einen Klavierlauf so spielen wie Arthur Rubenstein. Leider ging das total daneben, denn so etwas muß man natürlich vorher üben. Danach klappte dann gar nichts mehr. Auch beim Sketch habe ich andere Sachen gesagt, als im Drehbuch standen.

Nach der Show ließ mich Peter in seine Garderobe rufen.

Er sagte: »Paul, was war denn los mit dir?«

Ich sagte: »Ich hatte einen totalen Blackout. Aber mach dir keine Sorgen Peter, das passiert nicht mehr.«

Da war er es, der mich tröstete: »Ist ja kein Beinbruch, Paul.«

So entstand eine Freundschaft, die sich durch Ehrlichkeit und Respekt voreinander auszeichnet.

In den fünfziger Jahren traf ich noch mit vielen anderen Künstlern zusammen, die damals auf dem Sprung nach oben waren.

Da waren zum Beispiel der smarte Rene Carol *(Rote Rosen, rote Lippen, roter Wein)* und der charmante Gerhard Wendland *(Tanze mit mir in den Morgen)*, die sich in die Herzen der Frauen sangen.

Erinnern Sie sich? Rene Carol war der Mann, der als erster Deutscher für *Rote Rosen* eine goldene Schallplatte bekam. Er war damals der Allergrößte – ein Star, der Millionen verdiente und verjubelte, ein Star, dem man alles verzieh. Und bei ihm gab es im Laufe der Jahre eine Menge zu verzeihen. Gefängnisstrafe, Führerscheinentzug, gepfändete Gagen und Auftritte bei Meineidsprozessen.

Aber selbst solche Eskapaden konnten Rene nicht von seinem Thron stoßen. Der Berliner Werkmeistersohn blieb bis zuletzt der Herzensbrecher, dem die Damenwelt zu Füßen lag.

»Nach dem Krieg hatte ich ein ungeheures Nachholbedürfnis«, erzählte er mir einmal. »Es war eine verrückte Zeit, und ich wollte leben – nicht nachdenken, nur leben. Alles war wie ein wunderschöner Traum. Mit neunzehn mußte ich zum Kommiß. Ich sah nur Elend, Armut und Leid. Plötzlich kam dieser Erfolg und das viele Geld. Ich habe durchgedreht.«

Was viele vielleicht nicht wissen: Rene, der insgesamt fünfzehn Millionen Platten verkauft hat, mußte später ganz kleine Brötchen backen. Er tingelte durch die Lande und sang vor halbleeren Sälen. Selbst die Nostalgie-Welle konnte ihn nicht retten, aber er blieb sich treu. Seinen Gesangsstil wollte er um keinen Preis ändern.

»Aus Gigolo kann man nun mal keinen Caruso machen«, lächelte er, wenn man ihn darauf ansprach.

Zwei Tage vor seinem achtundfünfzigsten Geburtstag starb er an Krebs – arm wie ein Bettler.

ACHTES KAPITEL

I did it my way

GEB'N SE
DEM MANN AM KLAVIER
NOCH 'N BIER...

»Keine Brauerei der Welt
hat sich je bei mir mit einem Fläschchen Gerstensaft
für die kostenlose Werbung bedankt.
Auf die Idee kam nur
das Publikum.«

Produzent Nils Nobach grinste.

»Du bist ein komischer Typ. Mit deiner Zahnlücke und deinem Jungengrinsen. Du solltest unbedingt das Ding singen.«

Der »komische Typ« war ich, und mit dem »Ding« war ein Schlager gemeint, den ich im Electrola-Studio in Köln aufnehmen sollte.

»Du bist verrückt«, protestierte ich. »So was sing' ich nie.«

»Aber es paßt zu dir«, meinte Nobach.

»Wieso?«

»Du bist der richtige Typ dafür.«

»Niemals.«

»Nun überleg doch mal, wieviel Geld du als Schlagersänger verdienen kannst, wenn das Ding ankommt.«

Das war ein Argument, das mich schließlich überzeugte. Ich dachte ans Geld, denn von irgend etwas muß der Mensch ja leben. Der Jazz machte zwar Spaß, aber er brachte nicht viel ein. Andere fuhren in dieser Zeit längst einen Cadillac, während ich noch immer die Straßenbahn benutzte.

Ich habe also den Plattenvertrag unterschrieben und eine Woche später stand ich im Studio und sang äußerst gelangweilt den Text. Meine mangelnde Begeisterung hört man noch heute aus den Rillen.

... *Geb'n Sie dem Mann am Klavier noch'n Bier. Noch'n Bier. Sagen Se ihm, 's wär' von mir. Wär' von mir* ...

Vielleicht lag's sogar am gelangweilten Gesang. Jedenfalls wurde die Platte ein Dauerbrenner. Im ersten Jahr wurden zweihundertfünfzigtausend Stück verkauft.

Mein erster erfolgreicher Schlager!

Wissen Sie, wie alt der jetzt ist?

Ich erschreck' selbst, wenn ich nachrechne.

Fünfunddreißig Jahre.

Tja, und selbst heute noch, fünfunddreißig Jahre danach, passiert immer wieder das Unvermeidliche: Wenn ich mich irgendwo auf einer Bühne an einen Flügel setze, verlangt das Publikum, daß ich diesen Hit der fünfziger Jahre singe – oder: *Es gibt kein Bier auf Hawai* ...

Ein Hit für die Plattenfirma und eine Bomben-Werbung für Deutschlands Bier. Wer nun denkt, ich sei damit Tantiemen-Millionär mit einer lebenslänglichen Bier-Rente geworden, der irrt sich gewaltig.

Wie in der Musik-Branche üblich, hatte die Plattenfirma mit mir einen Anfänger-Vertrag abgeschlossen, der kaum Anlaß zum Jubeln gab. Und keine Brauerei der Welt hat sich je bei mir mit einem Fläschchen Gerstensaft für die kostenlose Werbung bedankt. Auf die Idee kam nur das Publikum.

Ich bin oft gefragt worden, ob ich damals den Wechsel von Deutschlands Jazzpianisten Nummer eins zum Biersänger nicht bereut habe oder ob die Bierlieder meinem Image als Musiker geschadet hätten.

Wie könnte ich im Zorn darauf zurückblicken?

Ich wäre ja nie so populär geworden, wenn ich diese Nummer nicht aufgenommen hätte, und dieser Popularität verdanke ich viel. Vielleicht wäre ich ohne sie niemals fürs Fernsehen interessant geworden.

Klar, man muß furchtbar aufpassen in dieser Branche. Ich war in die leichte Muse abgewandert und für viele war ich plötzlich nur noch ein Biersänger. So mancher Kritiker meinte damals: »Mit Noten hat der Kuhn nicht viel am Hut.«

Ich habe nichts gegen Kritik – im Gegenteil: Ich lerne aus jeder Kritik.

Ich will auch keine großen Töne reden, aber ich denke schon, daß ich inzwischen bewiesen habe, daß ich doch eine Menge am Hut habe – um in dem gleichen Sprachstil der Kritiker zu antworten.

Ich habe inzwischen Hunderte von Arrangements für den Rundfunk und das Fernsehen geschrieben. Oder anders ausgedrückt könnte ich auch sagen: Ich mache eben lieber ein paar Noten mehr als Worte.

Eins weiß ich aber jetzt genau: Schlagertexte lösen oft ein unkalkulierbares Echo aus. Vielleicht hängt es damit zusammen, daß in Deutschland wie nirgendwo sonst auf der Welt die Grenzen zwischen »U«- und »E«-Musik besonders streng gezogen werden. »E« steht für »ernste Musik« und »U« ist alles, was unterhält. Vom Schlager bis zur Tanzmusik.

Ich habe diese Unterscheidungskategorien in der Musik nie verstanden, weil man meiner Meinung nach nur die Qualität der Musik beurteilen kann – es gibt gute und schlechte Musik, ebenso wie es gute und schlechte Musiker gibt. Trotzdem schauen viele Symphoniker mit leicht hochgezogener Augenbraue auf die Unterhaltungsbranche herab, obwohl die Großen ihres Faches, Künstler wie Karajan und Menuhin, in einem qualifizierten Unterhaltungsmusiker einen Kollegen sehen. Die strenge Unterteilung der Musik in zwei Lager ist ein Erbe, das wir aus dem Dritten Reich übernommen haben. Damals wurde die Unterhaltungsmusik gering geachtet, und wir verloren viel Boden im internationalen Showgeschehen – kreativen Boden, den wir wahrscheinlich niemals wiedergutmachen werden.

Es gibt keine Bühnen, auf denen sich Shownachwuchs qualifizieren könnte, keine Clubs, keine Revuetheater. Ein Diskothekenauftritt, drei Minuten in der ZDF-Hitparade oder eine halbe Stunde in einem Festzelt reichen nicht aus, um einem Künstler jenen Schliff zu geben, der ihn internationalen Ansprüchen gerecht werden läßt.

Internationale Ansprüche und Klasse – in welcher Stadt der Welt kann man sich davon ein besseres Bild machen, als in New York? Die Gelegenheit zu einem Besuch bot sich mir im Jahre 1955.

Mein Schwiegervater hatte durch seine Schrottagentur auch Verbindungen zu Reedereien. Er konnte damals für meine Frau und mich zu einem sehr günstigen Preis eine Überfahrt auf einem Frachter buchen. In Hamburg gingen wir an Bord des modernen Schiffes. Die Reise dauerte vier Tage. Dann tauchte die Freiheitsstatue vor uns auf.

In der Glitzerstadt New York traf ich einige von den Jazz-Giganten wieder, die ich in der Nachkriegszeit bei Konzerten in Deutschland kennengelernt hatte: Ella Fitzgerald, Roy Eldrige, George Shearing, Dizzy Gillespie, Oskar Peterson und viele andere.

Sie hatten ihr Hauptquartier in einem Lokal, das

Basin Street hieß. Da spielten alle großen Leute, und es liefen die ungeheuerlichsten Jam-Sessions. Es herrschte eine lockere Atmosphäre, jeder konnte mitjammen, und anschließend gab es freie Drinks.

Ein interessantes Phänomen solcher Clubs ist, daß dort die Musiker viel mehr loslegen, als bei einem gewöhnlichen Konzert.

Wahrscheinlich liegt es an der Atmosphäre.

Die Musiker in New York waren alle sehr nett zu mir. Der Trompeter Roy Eldrigde, auch genannt »Little Jazz«, erkannte mich sofort wieder und winkte mich an den Tisch, an dem die ganze Jazz-Elite saß.

Eldrigde stammte aus Pittsburgh in Pennsylvania und erhielt von seinem ältesten Bruder Joe Musikunterricht. Er wurde zum wichtigsten Trompeter zwischen Armstrong und Dizzy Gillespie und nahm Schallplatten mit den größten Jazzmen auf. Er spielte in der Band von Count Basie und begleitete Billie Holliday und Ella Fitzgerald. Für viele Trompeter wurde er zum Vorbild. Seinen Stil umschrieb er selbst einmal so: »Ich spiele ein nettes Saxophon auf der Trompete...«

Ich hatte mit »Little Jazz« in Frankfurt zusammen gespielt. Er wohnte damals im halbzerstörten *Frankfurter Hof*. Ich erinnere mich noch genau an unser erstes Zusammentreffen. Er hatte mich in sein Zimmer bestellt, um mit mir das Programm für das Konzert abzusprechen.

Als er die Tür öffnete, trug er einen gepunkteten seidenen Morgenmantel. Er bat mich in sein Zimmer und fragte mich gleich, welche Jazz-Nummern ich kennen würde. Zu jener Zeit hatte ich bereits eine ganze Reihe von Standards in meinem Repertoire. Er war ziemlich erleichtert, als er das hörte.

»That's wonderful, Paul«, lachte er. Dann öffnete er seinen Trompetenkoffer, holte eine Flasche Whisky heraus und goß uns beiden einen guten Schluck ein.

Auch George Shearing erkannte mich bei meinem New York-Besuch sofort wieder, obwohl er blind ist und es schon ein paar Jahre her war, daß wir uns in Frankfurt begegnet waren.

Er saß auf der Bühne und spielte. Ich setzte mich in seine Nähe. Plötzlich blickte er auf und winkte mir zu. Später bot sich mir auch die Gelegenheit, ihn bei einer Probe zu besuchen. Ich habe ihm dann auch vorgespielt. Nach ein paar Takten begann Shearing zu lächeln.

»You like Art Tatum«, sagte er. »Don't you?«

Klar, er hatte das sofort an meinem Stil gehört. Denn jeder Jazz-Pianist ist irgendwie von dem *grand old man* beeinflußt.

In seinem Spiel fließt alles zusammen, was der Jazz bis Mitte der fünfziger Jahre hervorgebracht hat. Er war der Charly Parker des Jazz-Pianos.

An dieser Stelle möchte ich eine Anekdote zum besten geben, die ich damals zum erstenmal in New Yorker Jazzkreisen hörte: Art, so wurde erzählt, hatte als kleiner Junge eine Blindenschule besucht. Zu jener Zeit gab es noch die sogenannten Pianorollen, die man ins Klavier steckte. Diese Rollen bewegten die Tasten und dann erklang die Musik.

Häufig waren die Pianorollen von zwei Musikern bespielt. Das wußte aber der kleine Art nicht. Er glaubte, es würde nur ein Pianist spielen. Und wenn er sich ans Klavier setzte, versuchte er, genauso zu spielen wie die beiden Pianisten auf der Rolle.

Es wäre möglich, daß die Geschichte wahr ist. Dann kann man auch verstehen, daß er es zu einer pianistischen Virtuosität brachte, für die es im Jazz bis auf den heutigen Tag keinen Vergleich gibt.

Der 1957 verstorbene Tatum, der mit einundzwanzig Jahren seinen ersten Rauschgift-Zusammenbruch hatte und mehr als die Hälfte seiner schöpferischen Zeit in Heilanstalten verbrachte, war »Solist« schlechthin. Der Vergleichspunkt liegt höchstens bei Rachmaninoff, Rubinstein, Cherkassy und all den anderen großen Virtuosen des Konzertpianos.

Der Abschied von New York fiel mir sehr schwer, denn alle Musiker haben zu mir gesagt: »Warum bleibst du nicht hier, Paul?«

Das war ein ungeheuer erregender Gedanke. Aber ehrlich gesagt, ich war damals noch nicht so selbstbewußt, um im Land der Jazz-Giganten mein Glück zu versuchen. Irgendwie fehlte mir der Mumm, meine Zelte zu Hause ganz abzubrechen.

In Deutschland begann gerade meine Karriere. Eine Karriere mit einer gewissen Sicherheit. Und dem nötigen Kleingeld, ohne das eigentlich keiner existieren kann.

In Amerika wäre ich ein Mister Nobody gewesen. Dort wehte ein rauher Wind. Triumph und Mißerfolg lagen dicht beieinander. Und für so manchen gab es plötzlich ein böses Erwachen.

Vielleicht hätte ich den Sprung nach oben geschafft.

Vielleicht wäre ich aber nach zwei Jahren wieder in der Versenkung verschwunden.

Wer weiß?

Gott sei Dank werde ich nie erfahren, ob meine Entscheidung richtig oder falsch war.

NEUNTES KAPITEL

Lullaby in rhythm

SPIEL MIT VIEREN

»Ich wette, so billig,
unkompliziert und schnell
sind nie wieder Unterhaltungsshows
fürs deutsche Fernsehen
gemacht worden.«

Regisseur Harald Vock schaute mich so sonderbar an. Ich merkte sofort, daß etwas nicht in Ordnung war.

»Was ist los? Gibt es irgendwelche Probleme?«

Er nippte an seinem Weinglas und druckste fürchterlich rum.

»Kann ich ganz offen mit dir reden, Paul?« fragte er schließlich.

»Klar.«

»Fühlst du dich auch hinterher nicht auf den Schlips getreten?«

»Nein, natürlich nicht. Wir sind doch Freunde. Du kannst mir alles sagen.«

»Okay«, begann Vock und holte tief Luft. »Deine Zahnlücke ...«

Er brach ab.

»Was ist mit meiner Zahnlücke?«

Er starrte mich verlegen an.

»Die ist entsetzlich.«

Ich schaute ihn verwundert an.

»Was ist daran so entsetzlich? Die hab' ich seit ich denken kann. Das ist eine Laune der Natur.«

»Ich weiß«, sagte Vock. »Aber wenn du im Fernsehen Karriere machen willst, mußt du unbedingt was dran machen lassen?«

»Vielen Dank«, konterte ich. »Aber mit dieser Lücke lebe ich nun mal. Ich bin mit ihr fast fünfzig geworden und ich werde mit ihr weiterleben.«

»Komm«, lenkte Vock ein. »Sei nicht sauer. Ich will dir doch nur einen guten Rat geben.«

»Was soll ich denn tun?« fragte ich. »Da fehlt kein Zahn, die stehen nur so weit auseinander.«

Vock legte mir beruhigend die Hand auf den Arm.

»Sprich doch mal mit einem guten Zahnarzt, bevor sich die Beschwerdebriefe ans Fernsehen häufen. Du mußt doch einsehen, daß wir so unmöglich eine weitere Sendung drehen können.«

Ich kannte die Beschwerdebriefe und ihren Inhalt.

Sie hatten alle den gleichen Tenor: »Wie der Kuhn aussieht!«

Kurios, aber wahr: Meine hoffnungsvoll begonnene Fernsehkarriere drohte plötzlich an zwei auseinanderstehenden Zähnen zu scheitern! Das konnte ich nicht akzeptieren, und deswegen ging ich zu einem befreundeten Zahnarzt und ließ mich beraten.

»Eigentlich«, sagte er, »gibt es nur eine Möglichkeit. Sämtliche Zähne müssen raus.«

»Und dann?«

»Ich werde dir ein fabelhaftes Hollywoodgebiß verpassen. Dann hast du für alle Zeiten deine Ruhe und keine Probleme mehr.«

Mein Mund war plötzlich ganz trocken.

»Ich will keine Reklame für irgendeine Zahnpasta machen.«

Er nickte.

»Ich weiß. Normalerweise würde man so einer Sache auch keine Bedeutung beimessen und die Zähne, die ja ganz gesund sind, erhalten. Aber bei dir liegt der Fall anders. Du trittst im Fernsehen auf, und da muß man auf die Schönheit achten. Mit deiner Lücke fällst du aus dem Rahmen. Außerdem mußt du damit rechnen, daß die Zähne immer weiter auseinandergehen werden – je älter du wirst, desto größer wird die Lücke.«

Um Gottes willen, das waren ja schöne Aussichten!
Ich fragte meine Frau um Rat.

»Du bist verrückt«, meinte sie. »Sei froh, daß du noch gesunde Zähne hast. Wer dich mit der Lücke nicht mag, der soll dir doch gestohlen bleiben.«

Natürlich hatte sie recht, das war mir klar, aber ich wollte auch andererseits nicht meine Fernsehkarriere aufs Spiel setzen.

Glücklicherweise kannte ich noch einen anderen Zahnarzt recht gut, und der half mir mit einem Trick aus der Klemme.

»Das ist doch überhaupt kein Problem«, lachte er. »Ich fertige ein Plättchen an, das du ganz einfach zwischen die Zähne schiebst. Das Ding hat die gleiche Farbe wie deine Zähne, dann merkt kein Mensch etwas.«

Eine fabelhafte Idee!

In zwei Sitzungen modellierte mein Zahnarzt das Plättchen. Dann war es soweit. Ich schaute in den Spiegel. Ich lächelte. Ein neuer Paul Kuhn lächelte zurück, ohne Zahnlücke und mindestens fünf Jahre jünger.

Nicht nur Kleider machen Leute, dachte ich, auch Zähne.

Jetzt standen sie jedenfalls meiner Show-Serie nicht mehr im Wege.

Ein paar Tage später fuhr ich nach Hamburg, um die nächsten Fernsehaufnahmen zu machen. Bevor ich ins Studio ging, steckte ich mir das Plättchen in die Lücke. Ich war gespannt wie ein Flitzebogen, was der Regisseur wohl sagen würde.

Zunächt sagte er gar nichts.

Wir begannen die erste Szene zu drehen. Ich lächelte.

»Stop.«

Das Kommando kam von Regisseur Harald Vock.

»Paul, komm doch mal bitte zu mir.«

»Klar, Harald.«

Ich ging zu ihm und lächelte noch immer.

Vock starrte mich an.

»Du siehst so komisch aus.«

»Wieso?«

»Sag mal, hast du etwa getrunken?«

»Nein.«

»Du sprichst so komisch.«

»So?«

»Ja, du lispelst.«

Er starrte mich noch immer an.

»Außerdem siehst du total verändert aus.«

Jetzt grinste ich so breit, wie es eben ging.

»Klar. Fällt dir denn nichts auf?«

Er runzelte die Stirn. Dann ging ihm ein Licht auf.

»Deine Zahnlücke. Was hast du mit ihr gemacht?«

Es klang nicht, als ob er sehr begeistert sei.

Ich zog das Plättchen raus.

Harald Vock atmete durch.

»Gott sei Dank, jetzt siehst du wieder normal aus.«

Dann lachte er lauthals.

»Mensch, Paul, schmeiß bloß das blöde Ding weg. Dich erkennt doch sonst kein Mensch.«

Harald Vock hatte recht und seitdem lebe ich zufrieden ohne dieses »blöde Ding« und amüsiere mich über die gutgemeinten Ratschläge von Zuschauern und Zahnärzten, die ich nach wie vor bekomme.

Vielen Dank, aber ich werde mit ihr weiter leben – mit meiner Zahnlücke.

Ich habe mit dieser Episode ein paar Jahre übersprungen. *Hallo, Paulchen* war meine erste große Show-Reihe im ARD-Fernsehen. Später folgte *Pauls Party*. Es wurde eine sehr erfolgreiche Serie, und ich bekam dafür sogar 1972 *Die Goldene Kamera*.

Meine Karriere als Fernseh-Moderator hatte schon ein paar Jahre vorher begonnen. Vielleicht erinnern Sie sich? Die Show hieß *Spiel mit vieren*. Mit von der Partie waren Alice Babs, Ulrik Neumann (Gitarre) und der Jazz-Geiger Svend Assmussen. Die gute alte Zeit des Fernsehens – für mich begann sie damit, daß ich eines Tages einen Anruf von Regisseur Klaus Überall vom Südwestfunk Baden-Baden erhielt.

»Wir wollen eine Sendung fürs Vorabendprogramm machen«, erklärte er. »Mit ausgefeilten musikalischen Sachen. Hätten Sie nicht Lust, als Moderator mitzumachen?«

Und ob ich Lust hatte.

»Können Sie mir ein Drehbuch schicken?« fragte ich.

»Leider haben wir noch kein Drehbuch. Ich dachte, sie kommen nach Baden-Baden, und wir machen uns an Ort und Stelle gemeinsam Gedanken über das Konzept der Show.«

Eine Sendung ohne Konzept, ohne Buch, vielleicht auf die Schnelle zusammengezimmert – konnte das gutgehen? Oder würde es mir letzten Endes mehr schaden als nutzen?

Ich habe einen Augenblick gezögert, aber nur einen kleinen Augenblick. Dann mußte ich an die musika-

lisch reizvolle Aufgabe denken und auch an die Besetzung, denn außer mir waren drei erfahrene Show-
Hasen aus Skandinavien im Gespräch, mit denen ich
bereits einen Film gedreht und schon mehrere Funk-
sendungen gemacht hatte. Was sollte da schon schiefgehen?

Also setzten wir uns zusammen. Wir nannten die Show
Spiel mit vieren. Und es war wirklich mehr Spiel als
Arbeit, was daran lag, daß uns nur wenig Geld zur
Verfügung stand, noch nicht einmal ein Orchester
konnte bezahlt werden, und wir mußten viel improvi-
sieren.

Die Ideen für die Show-Folgen entstanden meistens in
einem gemütlichen Badischen Gasthaus. Wir bestell-
ten ein paar Viertele Klingelberger Spätlese und sahen
einander mit großen, neugierigen Augen an.

»Was machen wir morgen?«

Ich wette, so billig, unkompliziert und schnell sind nie
wieder Unterhaltungsshows fürs deutsche Fernsehen
gemacht worden.

Gegen Mitternacht hatten wir festgelegt, welche Lieder gesungen werden sollten. Mit Svend zusammen
habe ich anschließend bis zum Morgengrauen arrangiert, um die Stücke auf ein Quartett zuzuschneidern.

Am nächsten Morgen trafen wir uns im Studio und
machten die Musik-Aufnahmen, das sogenannte Play-
back-Band.

Abends hockten wir wieder zusammen und überlegten
uns die Sketche. Zum Beispiel, wie man möglichst
humorvoll von *Ich breche die Herzen der stolzesten
Frauen* zu *Tea for Two* überleiten konnte. Die lustig-

sten Ideen kamen uns natürlich nach Mitternacht – nur konnte man die nicht senden.

Wir hatten viel Spaß und haben immerhin zwölf Folgen zusammen produziert, dann wurde die Serie abgesetzt. Ein Entrüstungssturm ging durch die Zeitungen und Hunderte von Zuschauern beschwerten sich. Mit anderen Leuten und neuem Titel ist die Sendung dann nochmal ins Programm genommen worden.

Ich denke gerne an die Zeit in Baden-Baden zurück, sie war anders – nicht so hektisch und schnellebig wie heute, dafür aber herzlicher und entspannter. Man hielt sich an die Devise: Leben und leben lassen.

Die Kollegen hielten einen engeren Kontakt zueinander, und es herrschte noch nicht dieser wahnsinnige Erfolgsdruck und der zermürbende Konkurrenzkampf. Nach den Sendungen saß man noch lange zusammen. Die Sitte, daß man nach dem Auftritt mit der nächsten Maschine nach Hause jettete, existierte noch nicht.

Nur einmal, als ich Gast bei Frank Elstners *Montagsmaler* war, fühlte ich mich ein bißchen in die alte Zeit zurückversetzt. Bezeichnenderweise wurde die Sendung auch vom Südwestfunk produziert, und ich glaube kaum, daß Frank Elstner andere Vorschriften bekam, als die fünfundvierzig Minuten nicht zu überschreiten.

Freilich: Showmaster wie Frank Elstner sind rar. Denn man kann ja nur solche Leute ohne Textbuch in die Sendung schicken, von denen man weiß, daß sie schlagfertig sind und gute Einfälle haben. Und diese Kunst beherrscht Frank bravourös.

Kandidat bei den *Montagsmalern* zu sein – das sieht furchtbar einfach aus. Aber als mir Frank plötzlich den Zettel mit dem Begriff *Hertha BSC* vor die Nase hielt, hatte ich den berühmten Blackout.

Natürlich wäre es einfach gewesen, das Trikot der Mannschaft zu zeichnen – aber das fiel mir in diesem Augenblick partout nicht ein. Aus einem krummen Fußball, den ich mit dem elektronischen Stift zeichnete, schloß Edith Hancke indes richtig auf »ihre« Mannschaft.

Wir haben gewonnen und durften uns dafür Bilder aussuchen. Seither hängt bei mir daheim ein naives Bild. Es stellt die *Lindenwirtin* dar, eine Stammkneipe vieler SFB-Leute, die später leider abgerissen wurde.

Nach *Spiel mit vieren* hatte ich erst mal eine längere Fernsehpause. Die nächste große Chance sollte erst sieben Jahre später kommen.

Ich habe freilich in der Zwischenzeit keine Klaviersaiten gezählt und darauf gewartet, daß man mich ruft. Es war die Zeit, in der ich arrangiert und Nachwuchskünstler produziert habe: Heino, Ralf Bendix, Jacqueline Boyer, Rocco Granata, Howard Carpendale, Greetje Kauffeld ...

ZEHNTES KAPITEL

Just friends

ALS PRODUZENT AUF TALENTSUCHE

»Man ging von einer
einfachen Rechnung aus:
Bei hundert Nachwuchsleuten wird ja wohl
einer dabeisein, der den
Durchbruch schafft.«

»Ich bin ein westfälischer Naturbursche und sonst nichts«, sagte der Mann. Und dann begann er zu singen. Tief und wohltönend. Mit einer Stimme, die mich sofort faszinierte.

Mir war vom ersten Augenblick klar: Dieser »westfälische Naturbursche« hatte Talent. Er besaß das gewisse Etwas und würde seinen Weg machen.

Sein Name: Dr. Karlheinz Schwab, Direktor der amerikanischen Fluggesellschaft TWA in Düsseldorf. Der Doktor der Nationalökonomie hatte sich als Gitarrenspieler sein Studium verdient, und Singen war sein Hobby. Eine musikalische Ausbildung hatte er nicht genossen.

Aus Spaß nahm er an einem Nachwuchswettbewerb für Sänger teil. Ich saß in der Jury und gab ihm meine Punkte. Für mich war es wirklich keine Überraschung, daß er siegte. Kurz darauf bekam er einen Schallplattenvertrag bei Electrola und einen Künstlernamen: Ralf Bendix.

Mein damaliger Produzent Nils Nobach hat Bendix produziert, ich habe die Lieder arrangiert. Seine Hits kamen dann am laufenden Band. Von der *Mary Ann* bis zum *Kriminal-Tango* von der *Striptease-Susi* bis zum *Babysitter-Boogie*.

Übrigens war es seine Idee, echtes Babygelächter auf die Platte zu bekommen und sich nicht – wie bei der amerikanischen Orginalversion – mit einem Stimm-Imitator zu begnügen. Das war die große Stunde der kleinen Elisabeth, Tochter der gleichnamigen Sprecherin von Radio Luxemburg.

Einige Millionen *Babysitter-Boogie* wurden verkauft.

Bendix bekam dafür den *Goldenen Hund* der Kölner Plattenfirma und außerdem den *Goldenen Schnuller,* den ihm der Verleger als Scherz zusätzlich überreichte – verdientermaßen, wo er doch als Babysitter Millionen Müttern zum Vorbild geworden war.

Bendix war das erste große Talent, das ich musikalisch betreute. Ende der fünfziger Jahre hatte ich damit begonnen, auf Künstlersuche zu gehen – als Produzent.

Das war nicht so einfach, wie es sich anhört. Bei der Electrola gab es bereits ein paar bekannte und erfolgreiche Produzenten, die überhaupt keine Lust hatten, einen anderen am Kuchen zu beteiligen, aber mit der Hilfe von Herbert von Blatzheim, dem verstorbenen Ehemann von Magda Schneider, fand ich einen Weg, um Talente aufzuspüren.

Blatzheim hatte im Rheinland eine ziemlich große Gastronomie-Kette aufgebaut. Dazu gehörten auch ein paar Nachtlokale, die alle den Namen *Tabu* trugen. Dort wurde nicht nur getanzt und Musik gemacht, es gab auch regelmäßig Talent-Wettbewerbe. Jeder konnte mitmachen. Die Electrola beteiligte sich daran, indem sie den Siegern Probeaufnahmen versprach.

Damals stieß ich auch auf ein Terzett aus Düsseldorf. Einer der jungen Männer war ein gelernter Bäcker, groß und blond. Er hieß Heinz-Georg Kramm und hatte eine vielversprechende Stimme. Ich machte mit ihnen zwei Platten, leider waren beide Flops.

Bei einer Aufnahme war Bendix im Studio dabei.

»Hast du was dagegen, wenn ich mit dem großen Blonden mal eine Solo-Aufnahme mache?« fragte er.

Ich hatte nichts dagegen. Für mich war es ohnehin die letzte Platte mit den dreien – ein Terzett war schwer durchzusetzen.

Bendix holte den Bäckergesellen aus der Gruppe und produzierte mit ihm die erste Solo-Nummer.

»Ich habe mir vorgenommen, ihn mindestens so groß zu machen wie Freddy«, verriet er mir.

Mit Freddy war Fred Bertelmann gemeint, der als lachender Vagabund damals bereits ganz oben an der Spitze der deutschen Schlagerbörse gehandelt wurde. Mit neun Jahren sang er in einem bekannten Knabenchor. Er studierte Musik (Trompete und Cello) und spielte schon früh in einem Orchester mit, entschied sich aber bald dazu, als Gesangsolist Karriere zu machen, was ihm auch gelang. Genauso wie jenem Bäckergesellen, den Ralf Bendix entdeckte und unter dem Namen »Heino« zum Star aufbaute. Er saß den Vertriebsleuten im Nacken, organisierte selbst Rundfunk- und Fernsehauftritte und kontrollierte sogar in den Plattengeschäften, ob die Aufnahmen seines Schützlings immer vorlagen.

Diese Akribie zahlte sich aus. Denn so wie man bei *So war mein Leben* sofort an den lachenden Vagabunden Fred Bertelmann denkt, bei den *Capri-Fischern* an Vico Torriani, beim Lied von der *Kleinen Kneipe* an Peter Alexander, so fällt einem beim *Blauen Enzian* niemand anders als Heino ein.

Was den Plattenverkauf angeht, dürfte Heino sein Vorbild Freddy längst eingeholt haben. Dreißig Millionen Scheiben hat der blonde Barde bisher in seinem Showleben verkauft.

Zwei Jahrzehnte hielt er sich an der Spitze, dann ließ sein Erfolg nach. Inzwischen muß auch der gelernte Bäcker, wie schon so viele Stars vor ihm, kleinere Brötchen backen – eine bittere Erfahrung für jeden Künstler, der ganz oben war und dessen Karriere plötzlich einen Knick nach unten macht.

Ich weiß, wovon ich rede. Ich habe ja selbst alle Höhen und Tiefen dieses Berufes kennengelernt. 1963 erlahmte das allgemeine Interesse an meinen Platten, und meine Karriere erlitt einen empfindlichen Bruch. Aber das Ende einer Ära heißt noch lange nicht, daß danach nichts mehr kommt. Es kann auch ein neuer Anfang sein – der Beginn einer zweiten Karriere.

»Mir kann niemand erzählen, daß ein solcher Publikumsmagnet wie Heino nicht neue Käuferschichten begeistern kann«, sagte Bendix.

Ich wette, daß er es schaffen wird, den alten Heino in einem neuen Gewand zu verkaufen. Auch mir hat man damals ständig neue Talente ans Herz gelegt.

Da war Rocco Granata. Mit ihm habe ich *Buona Notte* produziert. Er hatte das Lied auf einen kleinen Zettel geschrieben und es mir dann auf der Gitarre vorgespielt. Ich habe es für ihn arrangiert. Er hat vierhundertfünfzigtausend Singles verkauft. Ich glaube, das war einer der größten Hits des Jahres 1963.

Da war Jacqueline Boyer, für die ich den Riesenhit *Mitsou* arrangierte.

Da war Greetje Kauffeld. Sie profitierte von einem traurigen Ereignis, dem Mauerbau in Berlin. Das Lied *Wir können uns nur Briefe schreiben* ging den Menschen ans Herz, es spiegelte die Empfindungen der

damaligen Zeit wieder. Geschrieben hat es Fred
Oldörp von den *Travellers*, ein lieber Freund.

Greetje und ich haben uns dann auch als Duo versucht.
Es war einfach phantastisch, wie unsere Stimmen
zusammenpaßten. Das gibt es nur ganz selten. Erklären kann ich es nur so: Wir beide kamen vom Jazz.

Greetje wurde von Horst Jankowski entdeckt, und
Balladen im Jazz-Stil zählten zu ihren Spezialiäten.
Jeden Tag da lieb ich dich ein kleines bißchen mehr,
hieß unser Lied. Im Rundfunk wurde es unentwegt
gespielt, aber die Verkaufszahlen hielten sich leider in
Grenzen.

Da war Howard Carpendale, der große Blonde aus
Südafrika. Er hatte bereits während seiner Schulzeit
Musik gemacht, als vierzehnjähriger einen Amateurwettbewerb gewonnen und nach dem Abitur in England Anschluß an eine Band gefunden. 1966 kam er in
die Bundesrepublik, versuchte sein Glück in der Profibranche und bekam einen Vertrag von einer Kölner
Schallplattenfirma. Ich nahm ihn unter meine Fittiche.

Ich erinnere mich noch genau an den Tag, als er sich
mir vorstellte. Seine Deutschkenntnisse waren damals
noch spärlich, aber er besaß ein gesundes Selbstvertrauen.

»Ich bin aus Südafrika gekommen, um hier Karriere zu
machen«, verkündete er. »Ich habe den Weg nicht
umsonst gemacht. Das schwöre ich.«

Er meinte es ernst, und ich spürte, daß in ihm dieselbe
Energie steckte wie in Ralf Bendix.

Ich habe seine ersten Platten produziert, darunter

110

auch den Titel *Lebenslänglich,* mit dem er seinen ersten Erfolg verbuchen konnte. Der große Durchbruch gelang ihm 1970 mit dem Lied *Das schöne Mädchen von Seite 1,* dem Sieger-Titel beim Deutschen Schlager-Festival. Weitere Erfolgs-Nummern waren *Ob-La-Di, Ob-La-Da* und *Ich geb' mir selbst 'ne Party.* Zwei Jahre später schien seine Erfolgskurve jäh abzusacken, obwohl ihm mit Kurt Felitz einer der namhaftesten deutschen Produzenten zur Seite stand. Titel wie *Bye-bye, mein schicker Schatz* fanden kaum noch Abnehmer im Plattengeschäft.

Darauf änderte der athletische Blonde, der Schüler-Jugendmeister im Kugelstoßen war, sein musikalisches Konzept und wandte sich mit eigenen Kompositionen und Produktionen der »weichen Welle« zu, die ihn mit Titel wie *Da nahm er seine Gitarre* und *Deine Spuren im Sand* auf die Erfolgsstraße zurückführte. In neuester Zeit überraschte er nicht nur mich mit leicht sozialkritisch getönten Songs wie *Johannesburg* und *Jede Farbe ist schön.*

Auch Lale Andersen mit ihrer eindrucksvollen tiefen und weichen Stimme habe ich zeitweise künstlerisch betreut. Als ich sie zum ersten Mal traf, war sie bereits von der *Times* in die Liste der bekanntesten Personen des 20. Jahrhunderts aufgenommen worden.

Diese sagenhafte Popularität verdankte sie dem Lied *Lili Marleen,* das während des Krieges täglich das Programm des deutschen Soldatensenders Belgrad beschloß. Es gefiel nicht nur den deutschen Soldaten, sondern auch den englischen und amerikanischen und machte Lale international bekannt. Goebbels wollte damals zwar das »unheroische Lied« absetzen, stieß aber auf Protest. Erst nach Stalingrad wurde es aus dem Programm genommen. Ein Auftrittsverbot für Lale Andersen wurde wieder aufgehoben.

Ihr Lied wurde unglaublich populär. Es wurde inzwischen in rund fünfzig Filmen gesungen. Zu den berühmtesten Interpreten gehörten Marlene Dietrich, Bing Crosby, Freddy Quinn und Jean-Claude Pascal.

Auch Lale Andersen, als Tochter eines Schiffsstewards in Bremerhaven geboren, war bis zu ihrem Tod im Alter von vierundsechzig Jahren als Sängerin auf Gastspielreisen und im Fernsehen gefragt. Ihre bekanntesten Chansons nach dem Krieg waren: *Unter der roten Laterne von St. Pauli* und *Ein Schiff wird kommen*. Ihrem Wunsch entsprechend wurde sie auf der Insel Langeroog beerdigt.

Obwohl die Arbeit als Produzent für Nachwuchskünstler gutes Geld einbrachte, habe ich sie später aufgegeben. Zum einen, weil ich alle möglichen unbekannten Leute produzieren mußte, die gar kein musikalisches Rüstzeug besaßen.

Damals machten sich die Plattenfirmen wenig Mühe mit der Talentsuche. Statt auf Qualität setzte man auf Quantität. Man ging von einer einfachen Rechnung aus: Bei hundert Nachwuchsleuten wird ja wohl einer dabeisein, der den Durchbruch schafft. Die Folge davon war, daß man auf Teufel komm raus produzierte.

Auch mir hat man damals beinahe monatlich neue Talente ans Herz gelegt, die kritiklos weitergereicht wurden. Dadurch wurden viele falsche Hoffnungen

112

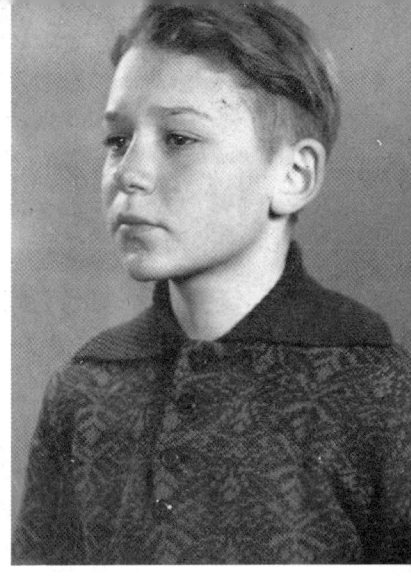

Mit Patenonkel Paul, dem das
kleine Musikgenie viel
verdankte (1937).

Der kleine Paul.

Paulchen (zweiter von rechts) mit seinen Schulkameraden im Jahre
1940.

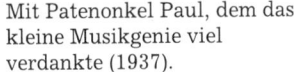

Paul Kuhn in Köln Anfang der 60er Jahre.

Der große Meister bei Schallplattenaufnahmen mit seiner SFB-Big-Band in Berlin (1979).

Bundeskanzler Helmut Schmidt und Frau Loki im Gespräch mit Paul Kuhn anläßlich des Theaterfestes in der Akademie der Künste in West-Berlin 1978.

Mit seinem langjährigen Freund Robert Stolz in dem Lokal „Wiener Rutsch'n" (1970).

Paul Kuhn, wie ihn alle lieben – mit einem verschmitzten Lächeln. Anläßlich der Auftaktsendung der Glücksspirale 1972 sang er „Reich dem Glück den kleinen Finger".

Mit Heidelinde Weiss in der „Sendung mit Paul" (1974).

Für die Sendung PAULS PARTY erhielt P.K. 1972 die „Goldene Kamera".

Paul Kuhn mit „Kuli" und Schlagersängerin Maria Mucke („La-le-lu") in der Erfolgssendung EWG (Einer wird gewinnen) im Jahre 1974.

Zwei berühmte Solisten aus Paul Kuhns SFB-Big-Band: Carmell Jones, Trompete, und Leo Wright, Saxofon.

Von schönen Frauen umschwärmt: Mit Katja Ebstein und Gitte in der „Sendung mit Paul".

Als Freddy Quinns „Assistent" in der Fernsehsendung MENSCHEN,
TIERE, SENSATIONEN im Jahre 1975 in Berlin.

Die vielen Gesichter des Paul Kuhn: als Charles Bronson in der „Sendung mit Paul", die von 1973–1976 erfolgreich war.

als „Bühnenarbeiter"

als „musikalischer Bettler"

Lustige Runde bei Frank Elstners „Montagsmalern" mit Edith Hanke, Schauspielerin, und Boleslav Barlog, Intendant des Schloßparktheaters Berlin, im Jahre 1977.

Mit Curd Jürgens als Zirkusdirektor in der Sendung „Stars in der Manege" nach dem Ritt auf einer dressierten Kuh (1974).

Fröhlich vereint in der Bandleader-Band: Robert Last, Christian Bruhn, Paul Kuhn, Werner Last, Horst Jankowski, Erwin Lehn, Werner Müller, Svend Asmussen, Kurt Edelhagen (von links nach rechts). Davor sitzen Hazy Osterwald (links) und Peter Thomas.

Die SFB-Big-Band, die Paul Kuhn von 1968 bis 1980 leitete.

Paul Kuhn mit seiner langjährigen Mitarbeiterin Vera Groeger, in der Branche als „Mäuschen" bekannt.

Mit Caterina Valente im „Phoenix-Club" in Kalifornien anläßlich der 200-Jahrfeier von Los Angeles im Jahre 1980.

Viel Spaß in der Peter-Alexander-Show 1979 mit Wencke Myhre, Gisela
Schlüter und Hermann Prey (von links nach rechts).

Paul Kuhn mit Günther Pfitzmann in der Fernsehsendung, „Lach mal wieder" (1981).

geweckt, die sich gar nicht erfüllen konnten. Diese Nachwuchs-Lotterie war nicht mein Bier, deshalb habe ich mich aus diesem Geschäft zurückgezogen und nur noch Instrumentalaufnahmen für die Plattenfirmen produziert: *Pauls Piano Party, Paul Kuhn bittet zum Tanz* und *Pop à la Swing*.

ELFTES KAPITEL

Take the a-train

GOLDENE KAMERA
FÜR PAULS PARTY

»Wer Unterhaltung
im Fernsehen macht, muß sich irren dürfen.
Er muß sich nur in der richtigen
Richtung irren.«

Man suche im Archiv nach den Patzern berühmter Kollegen. Dann lade man die Künstler zu einem bunten Fernsehabend nach Berlin ein, und anschließend mixe man das Ganze zu einem »Fernsehcocktail«, serviere ihn den Akteuren und zeige dem Publikum ihre Reaktion darauf.

Wohl bekomm's!

Der Erfinder dieses »Fernsehcocktails« heißt Dieter Finnern, Unterhaltungschef des Senders Freies Berlin (SFB). Er gab ihm den Namen *Pauls Party*. Ein fabelhaftes Rezept, finde ich. Mit einer fabelhaften Wirkung bei den Zuschauern. Denn es wurde ein sehr erfolgreicher »Cocktail« für mich.

1968 bot mir Finnern zunächst die Leitung des SFB-Tanzorchesters an. Wilhelm Greihs, der bisherige Chef, wollte aus Altersgründen aufhören. Obwohl es ein verlockendes Angebot war, habe ich zunächst gezögert – aus zweierlei Gründen.

Erstens: Das Tanzorchester vom SFB stand damals im Schatten des RIAS-Orchesters unter Leitung von Werner Müller. Das war ein starker Konkurrent, und ich hatte meine Zweifel, ob ich mich neben ihm überhaupt profilieren konnte.

Zweitens: Ich hatte Sorge, in Berlin zu weit vom Schuß zu sein und im Fernsehen in Vergessenheit zu geraten.

Aber Finnern kam mir entgegen und garantierte mir drei Fernsehsendungen im ARD-Programm pro Jahr.

Ich habe den Vertrag unterschrieben – einen Zeitvertrag, der alle zwei Jahre verlängert werden mußte, oder auch nicht. Ich wollte zunächst auch nicht nach

Berlin umziehen, und behielt meinen Wohnsitz in Köln.

Aber im Laufe der Zeit hatte ich mehr als den berühmten Koffer in der Weltstadt an der Spree. Auch die Berliner Luft bekam mir sehr gut. Ich mietete mir eine Wohnung in Grunewald – und verlor mein Herz an Berlin. Nicht zuletzt wegen der reizvollen musikalischen Arbeit mit dem SFB-Tanzorchester; das war die Zeit, als Musik im Party-Sound besonders gefragt war. Damals feierte James Last die ersten großen Erfolge. Wir kannten uns aus der Zeit, als ich mit den *Jazz All Stars* spielte. Damals stand Hans Last, alias James, am Baß. Ein schmächtiger Bursche aus Bremen, der viele Jahre später Deutschlands erfolgreichster Musiker mit den meistverkauften Langspielplatten werden sollte.

Auch ich habe mit der SFB-Big-Band in Berlin eine Reihe von Langspielplatten im Party-Stil produziert. Dann kam Dieter Finnern und erklärte mir das Konzept für eine neue Show-Serie, die ich moderieren sollte.

»Wir könnten sie Paulchens Party nennen«, schlug ich vor.

»Nee«, protestierte Finnern. »Du bist mittlerweile ein Mensch von vierzig Jahren und trägst keine kurzen Hosen mehr. Außerdem repräsentierst du ein großes Orchester. Ich finde, Paulchen sollte erwachsen werden.«

Das sah ich natürlich ein. Ich stand ja immerhin an der Schwelle des fünften Lebensjahrzehnts!

Ade, Paulchen!

Die Sendung wurde *Pauls Party* getauft und gehörte

zu den erfolgreichen Unterhaltungsserien. Die Basis waren Sketche, Parodien und Starauftritte. Dieter Finnern formulierte das Konzept so: »Wir bringen die Zuschauer nicht zum Brüllen, aber es darf geschmunzelt werden.«

Gags zum Schmunzeln gab es dann wirklich genug. Dank der Patzer so bekannter Stars wie Cornelia Froboess, Hans Söhnker, Rudolf Schock, Britt Malmkjell und anderer.

Als Cornelia Froboess zu meiner Party kam, lagen bereits drei Karrieren hinter ihr. Sie stand zum erstenmal 1951 mit knapp sieben Jahren in einer öffentlichen RIAS-Sendung auf der Bühne des Berliner Tiania-Palastes und landete mit dem Liedchen ihres Vaters *Pack die Badehose ein* einen Riesen-Hit.

Nicht minder erfolgreich war sie im Zeitalter des Rock'n Roll als Teenager »Conny« mit *Diana* und *schicke, schicke Schuhe.* Später bewies sie im Film, Fernsehen und Theater, daß echtes Schauspielerblut in ihr steckt.

In meiner Sendung trat sie freilich als Komikerin wider Willen auf. Bei einem romantischen Liebeslied lief sie versehentlich gegen eine Stehlampe, die mit lautem Krach umfiel. Conny trug die Panne mit Humor.

Auch Rudolf Schock war für einen unfreiwilligen Gag gut. Er kämmte sich sorgfältig das Haar und übersah dabei, daß die Kamera längst lief. Die Zuschauer amüsierten sich königlich.

Später erzählte Rudolf Schock, der Sohn eines Hafenarbeiters, wie er Opernsänger geworden war. Seine geliebte Mutter arbeitete als Garderobiere an der Duisburger Oper, um zusammen mit seinem Bruder den Lebensunterhalt für die Familie zu verdienen, nachdem der Vater gestorben war. Eines Tages sagte sie zu ihrem Sohn Rudolf: »Die suchen einen ersten Tenor, und was die anderen können, das kannst du doch schon lange.« Rudolf Schock bewarb sich zusammen mit sechzig anderen Sängern um die Stelle und sang den Einzugsmarsch aus dem *Tannhäuser*. Als er fertig war, herrschte zunächst Stille – dann hörte er nur noch den Satz: »Sie sind engagiert.«

Auch bei dem Auftritt von Hans Söhnkers in meiner Sendung durfte geschmunzelt werden. Der Sohn eines Verlagsleiters, der bereits 1933 für den Film entdeckt wurde und sich mit der Rolle des *Zarewitsch* in die Herzen der Zuschauer sang, beendete seinen »Versinger« *Und der Himmel geigt voller Hänge* mit einem lauten und kräftigen »Scheiße!«

Probleme mit ihrem Text hatte auch die schwedische Sängerin Britt Malmkjell. Mitten in der Aufzeichnung hatte sie einen Blackout und stand fassungslos auf der Bühne.

»Schneiden Sie das bitte raus«, flehte sie Dieter Finnern an.

Der schmunzelte. »Britt, Sie sind nicht die erste, der so was passiert. Wir suchen im Archiv ein paar Patzer berühmter Kollegen, die schneiden wir zusammen und kleben sie an ihren Auftritt.«

Die Sendung *Pauls Party* erhielt in der Presse ausgezeichnete Kritiken. Der *Kölner Stadtanzeiger* schrieb:

»Intelligente Show-Unterhaltung ist in Deutschland doch möglich.«

Nach der ersten Sendung stand im Funkhaus das Telefon nicht still. Siebzig Anrufe wurden registriert. Unter den Anrufern war ein Musikprofessor aus Lübeck, der mir seine Anerkennung aussprach – nur drei übten negative Kritik.

Außerdem kamen kistenweise Briefe von Zuschauern, über die ich mich besonders freute. Ein Berliner brachte seine Begeisterung auf den kurzen Nenner: »Schnicke, knorke, knülle, dufte . . .«

Besonders stolz war ich natürlich, daß Finnern und ich für *Pauls Party* die *GOLDENE KAMERA* 1971 erhielten. Die anderen Preisträger des von der *HÖR ZU* gestifteten Fernsehpreises für überragende Leistungen im Deutschen Fernsehen waren Hannelore Elsner, Elmar Hügler, Lisa Kraemer, Emil Obermann, Helmut Pigge, Helmut Qualtinger, Bernhard Wicki und Franz Peter Wirth.

Im Verlagshaus Axel Springer in Berlin nahmen wir die Preise entgegen. Hausherr Axel Springer begrüßte die Preisträger und Gäste in einer launigen selbstironischen Ansprache. Die Prämierung der Leistung einzelner, sagte der verstorbene Verleger, sei in unserer Zeit ein gutes Gegengewicht gegen »öde Gleichmacherei und Vergötterung des Kollektiven.«

Hans Bluhm, der Chefredakteur von der *HÖR ZU*, hatte seine Überlegungen in der pointierten »Gretchenfrage« artikuliert: »Muß nicht, auch im Wetterbericht, schon ein Denkanstoß liegen?«

Nun, das muß nicht sein, und das sagte ich auch in

meiner Dankesrede, deren hintersinnigen und bemerkenswerten Text Dieter Finnern verfaßt hatte.

Einige Auszüge aus der Rede möchte ich hier zum besten geben:

»Intelligenz in der Unterhaltung ist Schmuggelware, erwischt einen der Zollbeamte, gibt es Ärger. Um also die Schmuggelware zu tarnen, versteckt man sie hinter Schlagersängern und Schlagern. Meist kommt man dadurch dann zu der Erkenntnis, daß die neue Idee, die man zwischen dem Sänger und dem Schlager versteckt hat, den Erfolg des Schlagers oder des Sängers kaum stört. Man wird dann etwas kühner und nimmt keinen Schlagersänger, sondern einen, der es kann. Leider kann der meist kein Deutsch, also richtet sich das negative Interesse des Publikums auf diese Tatsache, und noch immer hat keiner entdeckt, daß da eine neue Idee in der Sendung war, ein Gag vielleicht, ein ironischer Schlenker. Der Sänger hat nicht Deutsch gesungen, also war das Ganze nicht gut.«

Und weiter: »Das Motto lautet: Kauft deutschen Kaffee von deutschen Negern, oder noch subtiler ausgedrückt: Wir wollen echten Hennessy, aber keinen französischen! Nun kann man resignieren und die deutschen Sänger nehmen, die es können, sie stammen fast immer aus Österreich und der Schweiz, weibliche Interpreten aus Deutschland kommen aus Skandinavien, oder man kann so lange die Presse durchblättern, bis man auf eine positive Rezension stößt. Und eine – das darf ich aus eigener Erfahrung sagen – eine findet sich immer ... auch das *Passauer Tageblatt* tut seine Wirkung, wenn der Intendant Sie wieder empfängt.

Vielleicht hält er Ihnen entgegen, ›Erfolg ist kein moralisches Maß‹, dann hat er das *Passauer Tageblatt* auch schon gelesen, oder er fragt Sie, ob man nicht sogar in die Fernsehunterhaltung gelegentlich ein bißchen Bildung und Belesenheit einbringen könne ...«

In der Rede kam auch der bemerkenswerte Satz vor: »Wer Unterhaltung im Fernsehen macht, muß sich irren dürfen. Er muß sich nur in der richtigen Richtung irren. Auch die erfolgreichen Sendungen verlieren ihren Erfolg auf die Dauer, gäbe es nicht hin und wieder die Anregung durch die sogenannten ... folglosen Sendungen. Um aber die Bescheidenheit nicht zu übertreiben, muß allerdings dazu gesagt werden: Die Erfindung von Herrn Dr. Bruch macht einen bunten Abend noch lange nicht farbig, ebenso wie die Farbe allein einen Fernsehabend noch lange nicht bunt macht ... Wir leben in einer Zeit, in der sich zum erstenmal Menschen für Menschen interessieren. Daran können auch die Unterhaltungsmacher nicht vorbeidenken – wenn sie denken. Wenn sie es nicht tun, haben sie ja immer noch den Infratest.«

Nebenbei gesagt: Ich habe nichts gegen Passau. Ich war noch nie dort.

Aber zurück zu meiner Rede: »Der Kanadier Marshall McLuban hat einmal gesagt: Ein Ding, das funktioniert, ist zu nichts mehr nütze. Bescheiden, wie wir waren, glauben wir mit unserer Sendung bisher noch nicht so weit zu sein. Sie haben uns diesen Preis zugesprochen, wir anerkennen also unbescheiden, daß wir nun (gelegentlich) aufhören sollten. In diesem Falle werden wir aber etwas anderes machen. Auch die

Goldene Kamera kann ja wohl ein zweites Mal verge-
ben werden ...«

Am Ende der Rede sagte ich: »Wir sind hier unter
Kollegen der Politik, des Sports, des Fernsehspiels, die
ebenfalls diesen Preis gewonnen haben, denen wir
herzlich gratulieren, von denen wir aber auch wissen,
daß sie genausowenig ein Rezept haben, wie man zu
einem Erfolg auf diesem Gebiet kommt. Für die Unterhaltung gibt es dieses Rezept am wenigsten. Wenn ich
dennoch die Rezeptworte ›Man nehme‹ verwende,
dann nur weil ich weiß, daß alle, die hier sitzen, auch
Unterhaltungskonsumenten sind. Man nehme also –
solange man Konsument ist – die Unterhaltung im
Fernsehen doch nicht immer so ernst. Eins der
Hauptübel bei uns ist: Die Konsumenten nehmen die
Unterhaltung oft ernster als die Produzenten. Umgekehrt wäre es besser ...«

Kommentar eines bekannten Fernsehkritikers auf die
Rede: »Man muß Finnern alias Kuhn recht geben. Die
Produzenten nehmen die Unterhaltung schon gar nicht
ernst. Unterhaltung ist U und nicht E, bekannterweise
ist Unterhaltung Nebensache. Dabei ist Unterhaltung
eine verdammt ernste Sache ...«

Damit genug zum Thema Unterhaltung.

Dieter Finnern und ich haben unser Wort (»gelegentlich aufzuhören«) eingehalten. Die Sendereihe *Pauls
Party* lief aus, und wir haben eine Denkpause einge-
legt.

Aber kurz darauf waren wir mit einem neuen Konzept
wieder da. Die Idee hieß schlicht *Tanzmusik*.

Als Termin dachte Finnern an den Samstagabend. 30

Minuten. Zwischen dem Krimi und der Ziehung der Lottozahlen.

»Ich möchte Tanzmusik bringen, mit Paul Kuhn und dem SFB-Tanzorchester«, schlug Finnern auf der nächsten ARD-Programmkonferenz vor, zu der sich regelmäßig die Unterhaltungschefs der einzelnen Anstalten treffen.

»Mit welchen Gästen?« wurde er gefragt.

»Ohne irgendwelche anderen Leute«, erklärte Finnern. »Außer dem Botho-Lucas-Chor.«

»Soll Paul Kuhn moderieren?«

»Nein«, sagte Finnern. »Er soll dirigieren. Sonst nichts.«

Ja, sonst nichts.

So einfach war das Konzept. Wir holten fünfzig Paare ins Studio und spielten populäre Tanzmusik.

Der Lohn waren begeisterte Kommentare von Zuschauern, Kritikern und Freunden.

»Ich wollte schon ins Bett gehen«, schrieb mir eine Zuschauerin aus Brombachtal. »Dann habe ich aber den Fernseher angelassen und in diesem Augenblick kam Ihr *Goody, Goody for you*. Es hat mich richtig aufgerüttelt. Das war nämlich ein Lieblingslied von mir – einst im Mai. Und auf einmal war es, als ob etwas von mir abfallen würde, und Sie werden lachen, ich habe dann ganz allein getanzt. Und mit jedem Lied, das ihre wunderbare Kapelle spielte, habe ich mich um 20–25 Jahre zurückversetzt gefühlt und weiter getanzt. Es geht wunderbar, wenn man an vergangene Zeiten denkt.«

Ein schöneres Lob kann ich mir kaum vorstellen. Ein

Lob, das mir allerdings nicht alleine zusteht. Verdient haben es alle, die damals an der Sendung mitgewirkt haben: Musiker, Regisseur, Produzent, Kameraleute und Tontechniker.

Das Fernsehen strahlt eben doch eine ganz andere Faszination aus als das Radio. Die Rundfunksender bringen zwar ebenfalls viele Swing-Sendungen, aber die Wirkung ist nicht die gleiche.

Den »kleinen Unterschied« beschrieb mir ein Swing-Fan so: »Die Wirkung ist eben ganz anders, wenn man die Musiker in Aktion sieht und sie gleichzeitig hören kann. Deshalb hat mich die Musik buchstäblich aus dem Stuhl gerissen.«

Im Februar 1972 wurde die letzte *Swing-Party* aus dem berühmten Berliner Ballhaus *Resi* gesendet.

Schade, daß wir nicht weiter swingen konnten, das fanden auch viele Zuschauer.

Selbst heute noch bekomme ich Post zu dieser Sendung, und die Leute fragen mich: »Wann gibt es wieder solche Tanzmusik im Fernsehen?«

Freunde, an mir und meinen Musikern soll es nicht liegen. Es ist auch für uns eine Wohltat, wenn es richtig swingt ...

ZWÖLFTES KAPITEL

I've got you under my skin

ALS BETTLER AUF DEM KUDAMM

»Für einen
gutgemachten Blödsinn
bin ich immer zu haben.«

Nach der reizvollen *Tanzmusik*-Sendereihe trat ich für eine Weile ab, erhielt aber bald darauf die Chance, ein wenig von dem zu zeigen, was außer Musik noch in mir steckt.

1972 bot mir Dieter Finnern eine neue Fernsehshow an. Titel: *Die Sendung mit Paul.*

Finnern machte sich die Arbeit an der Serie nicht leicht.

»Nach *Pauls Party* erwarten Zuschauer, Kritiker und auch die Intendanten etwas Gescheites«, erklärte er.

Das war also keine leichte Startbasis.

Zur Basis sollte auch mancher Jux von mir gehören. Ich war gleich Feuer und Flamme. Denn für einen gutgemachten Blödsinn bin ich immer zu haben.

Außerdem sollten mir in der ersten Folge prominente Starthelfer zur Seite stehen: Die Schauspieler Hannes Messemer, Hans-Dieter Zeidler, Wolfgang Spier, der Berliner Karikaturist Oswin und Quizmaster Robert Lembke.

Dann hieß es: Achtung Aufnahme!

Bei der Premiere sprach ich einmal mit Kommentator-Intonation und einmal betrunken die *Tagesschau.* Die optische Ähnlichkeit mit Karlheinz Köpcke war nicht zufällig.

Nach dem *Schulmädchen-Report* und dem *Hausfrauen-Report* wurde ein *Baby-Report* vorgeführt. Dann wurde Robert Lembke und sein *Was bin ich?*-Team von den *Jason-King*-Synchronisateuren stimmlich umfunktioniert. Hans-Dieter Zeidler und Hannes Messemer nahmen Show, Shakespeare, Jungfilmer und sich selbst auf die Schippe, und schließlich diskutierte unter Emil Obermanns Leitung die Runde Rohlinger/Loewe/Lueg herrlich phrasenhaft über die möglichen oder wünschenswerten Konsequenzen einer Unterhaltungsshow.

In den weiteren Folgen schlüpfte ich in die Haut anderer Prominenter: Ich mimte Professor Grzimek, Regisseur Hassert, Filmstar Charles Bronson und den Herrn auf dem Fünfzigmarkschein. Einmal saß ich sogar als Bettler auf dem Kudamm, Ecke Uhlandstraße, und spielte ziemlich schief auf einer Mundharmonika.

Unser Maskenbildner war ein Meister der Verwandlungskunst; er hat schon in der Frühzeit des Stummfilm Mimen und Schauspieler für ihre Rollen zurechtgemacht. Damals beschränkte sich das Handwerkszeug auf Perücken, Cremes und Puder. Doch auch in diesem Metier ließ sich der Fortschritt nicht aufhalten, und es kamen andere Hilfsmittel wie Schaumgummieinlagen, Latexmasken und Kontaktlinsen hinzu.

Jedenfalls verwandelte ich mich unter den erfahrenen Händen des Meisters in einen Bettler. Die Illusion war perfekt: Als ich in den Spiegel schaute, hätte ich mich fast selbst nicht wiedererkannt.

Der Clou war, daß sich sogar meine Frau von der Maske täuschen ließ. Als ich später in ihre Boutique schlurfte und um eine Milde Gabe bettelte, steckte sie mir eine Mark zu.

Nach einer halben Stunde habe ich Kassensturz gemacht. In meinem Hut waren 9,80 Mark. Ein Stundenlohn also von fast zwanzig Mark! Gar nicht so übel, oder?

Leider ist *Die Sendung mit Paul* sanft eingeschlafen.

Und auch uns war klar: Nicht alles, was wir uns, Regisseur Dieter Finnern und ich, ausgedacht hatten, kam auch an. Es gab Pro und Contra-Stimmen zu unserem Projekt.

Ein Zuschauer schrieb: »Herr Kuhn, Sie geben einen guten Komiker ab, aber Herrn Köpcke sehe ich als Nachrichtensprecher lieber. Sie waren ja bei der Tagesschau total betrunken. Machen Sie lieber weiter in Musik.«

Ein anderer meinte: »Ihre Nachrichten waren einsame Klasse. Wir hatten alle Bauchweh vor Lachen. Machen Sie weiter so, vielleicht als Sportmoderator. Die Welt ist so ernst. Warum?«

Vielleicht weil gute Unterhaltung eine Rarität ist.

Nach der Reihe *Die Sendung mit Paul* war ich zusammen mit Show-Regisseur Dieter Finnern in Amerika – einfach, um ein paar neue Anregungen zu bekommen.

Drüben erlebte ich jenes Genre, das – nicht zufällig noch immer ohne europäisches Gegenstück in Aktion und Sprache – ein Publikum perfekt unterhält: Show und Entertainment.

In den Clubs und großen Hotels treten Meister des Fachs wie Frank Sinatra, Sammy Davis jr., Diana Ross oder Liza Minnelli auf. Sie benötigen für ihre Show neben enormer Stimmgewalt nur wenige Requisiten: Zigarette, Barhocker oder Whiskyglas, die Frauen meist häufig wechselnde Garderobe und jenen freimütigen Plauderton, mit dem sie das Publikum ansprechen. Das Faszinierende dieser so raren Künstlerspezies liegt in der makellosen Perfektion, mit der andererseits gemimt, getanzt, vor allem gesteppt wird. Und das, wie das Beispiel Marlene Dietrich zeigte, bis ins hohe Alter.

Aber nicht nur die Stars sind ungeheuer perfekt. Auch das Orchester, das Ballett und sogar der Beleuchter. In den US-Shows gibt es einfach keinen schwachen Punkt. Man faßt Unterhaltung als Beruf auf – eine Einstellung, die sich bei uns jetzt auch mehr und mehr durchsetzt.

Sicherlich würde man hier in Deutschland auch den einen oder anderen Künstler finden, der mehr mitbringt als ein strahlendes Lächeln. Aber wer kümmert sich schon um die Nachwuchstalente?

In der ARD-Sendung *Patenkinder* haben wir es versucht und junge Künstler vorgestellt, von deren Talent wir überzeugt waren.

Auch der Sender Freies Berlin und mein Orchester haben mal jemanden entdeckt und groß gemacht: Olivia Molina, das Mädchen aus Mexiko.

Schwarzhaarig, mandeläugig, schlank, groß und exotisch – so war sie damals in Berlins *Badewanne* aufgetreten und dem Fernsehmann Peter Lichtwitz aufgefallen. Er war es, der sie mit dem Show-Experten Dieter Finnern bekannt machte.

»Ich bin erstaunt, daß uns das Mädchen noch niemand weggeschnappt hat«, sagte Finnern und fertigte eilends ein einstündiges TV-Porträt mit dem Titel *Olivia – eine Fernsehshow* mit der bis dahin unbekannten Sängerin an.

»Diese Show hat über meine deutsche Karriere entschieden«, erzählte mir Olivia später. Da wurde sie in Künstlerkreisen bereits »die Molina« genannt.

Sie ist dann in ungeheuer vielen SFB-Sendungen aufgetreten, zu öffentlichen Konzerten haben wir sie oft mitgenommen – sogar einmal auch nach Rumänien.

Ich lernte Olivia als vielseitige Künstlerin mit einer großartigen Stimme kennen. Sie sang Jazz, Folklore, Schlager, spielte Gitarre und Klavier, komponierte und textete.

»In jedem Titel steckt etwas, was ich selbst erlebt habe«, erzählte sie mir.

Tatsächlich war ihr Vorleben genauso aufregend wie ihr Aussehen. Als Tochter eines mexikanischen Show-Orchesterchefs und einer Flensburger Sängerin wurde sie in Kopenhagen geboren. Aufgewachsen ist sie in Acapulco. Ersten Ruhm erwarb sie sich in Mexiko-City.

Erste Station: Lehrjahre bei Altmeister Teddy Stauffer. Auftritt in seinem Nightclub *La Perla* mit eigener Band. Ihr Bruder Tito war damals Gitarrist der Gruppe.

Zweite Station: Flamencotanz und Gesangausbildung an der Musikhochschule von Mexiko-City. Nebenbei Auftritte in populären Jugendcafés. Mexikanische Journalisten ernannten sie zur »Königin der Kaffeehäuser«.

Dritte Station: Olivia erhält, fünfzehnjährig, einen Schallplattenvertrag und landet mit *Juege de Palabras* ihren ersten Hit, gewinnt das mexikanische Jazz-Festival von 1964 und wird an das berühmteste Revue-Theater des Landes *Teatro Blanquita* engagiert.

Vierte Station: Der Rundfunk verleiht ihr *Das bronzene Pferd,* die begehrte Auszeichnung als Publikumsliebling Nummer eins.

»Ich wußte, daß ich den Höhepunkt meiner Karriere in Mexiko erreicht hatte«, erzählte sie mir. »Es war Zeit für mich, wegzugehen, um international bekannt zu werden.«

Sie kam in die Bundesrepublik, ging sofort auf Tournee und erhielt eine Hauptrolle für die deutsche Fassung des Musicals *Sorbas* im *Theater an der Wien.* Außerdem unterschrieb sie bei Electrola einen Schallplattenvertrag.

Seitdem hat Olivia gezeigt, daß sie nicht nur eine ehrgeizige und fleißige Künstlerin ist, sondern auch das Prädikat mutig und engagiert verdient.

Die Zeiten, als sie das »Schnulzen trällernde Mädchen mit den Kulleraugen und dem Bananenmund« (Kölner Stadtanzeiger) war, gehören der Vergangenheit an. Zwar umhüllt sie nach wie vor ein Hauch von Exotik, wenn das rollende »R« an ihre mittelamerikanische Heimat erinnert, aber neue Lieder haben sie gewandelt. Mit Interpretationen von Brecht und Weill ist sie über sich hinausgewachsen.

1972 hatte ich Gelegenheit, mich einer anderen prominenten Dame – nach Noten – anzunehmen. Sie war ein armes Rascherl vom Lande, das in London mit Pfeffer im Hintern und Tränen im Herzen den Waagerechtstart zur Edelkurtisane schafft und aus ihren Einkünften ein Haus für gefallene Mädchen stiftet, bis sie den einzigen Geliebten treusorgend an Tisch und Bett bindet.

Erinnern Sie sich an ihren Namen?

Fanny Hill!

John Clelands unverwüstliche Liebesverkäuferin aus dem horizontalen Gewerbe hatte wegen ihrer genüßlichen Detailschilderung Generationen von Staatsanwälten auf die Palme gebracht. Dabei enthält das klassisch gewordene Pornowerk der Weltliteratur kaum ein obszönes oder vulgäres Wort. Heute würde sich die *Fanny Hill* aus dem 18. Jahrhundert wahrscheinlich schamhaft an den Illustrierten-Kiosken vorbeidrücken.

Günther Könemann, der Intendant vom Gelsenkirchener *Musiktheater,* machte mich mit *Fanny Hill* bekannt, und ich schrieb die Musik für sie.

Erstaunlich, daß diese im Zeitalter der erotischen Riesenwelle sich so attraktiv darbietende Chronique scandaleuse erst so spät den Weg ins Musical fand.

Als es dann soweit war, wurde mit Prominenz nicht gespart. Günther Schwenn, Texter von mehr als fünfzig erfolgreichen Bühnenwerken *(Maske in Blau – Hochzeitsnacht im Paradies)* verwandelte die Chronique in ein Riesen-Theater-Panorama mit ironischen Heiterkeiten.

Die hinreißend gewachsene Marlene Charell spielte die Titelrolle. Birke Bruck, als Gunstverschwenderin Phoebe, war ebenfalls ein Hit, wenn sie Zunder unter die Männer warf und gleich sechs von ihnen mit aufs Zimmer nahm. Generalintendant Günther Könemann stand als nobler Sir Edward auf der Bühne und genoß die Sympathieströme aus dem Zuschauerraum.

»Hut ab«, schrieb die *Frankfurter Rundschau* nach der

Premiere, während die *Neue-Rhein-Zeitung* unserer *Fanny Hill* »soviel Sex wie einem Bettvorleger« bescheinigte.

Da soll einer aus den Herren Kritikern schlau werden! Trotzdem waren wir stolz auf unser Stück. Denn beim Publikum kam es an. Sechs Wochen lang war das Gelsenkirchner Theater praktisch ausverkauft – dasselbe in Kiel und Wien.

Schließlich kam sogar ein finnischer Theaterdirektor, ließ das ganze Musical übersetzen und spielte es in Kuopia, in Mittelfinnland.

Fünf Jahre später schrieb ich ein neues Musical, diesmal eine musikalische Räuberpistole: Carl Zuckmayers *Schinderhannes.*

Die melodramatische Moritat von Johannes Bückler, genannt Schinderhannes, war unter anderem bereits mit Curd Jürgens und Maria Schell verfilmt worden. Aber dieser Räuberhauptmann, der Ende des 18. Jahrhunderts unter seinem Spitznamen »Deutschlands Wilden Westen« verunsicherte, hat tatsächlich gelebt. Bekanntlich endete sein Leben 1803 in Mainz unter dem Fallbeil der französischen Gerichtsbarkeit. Aber das war noch nicht das wirkliche Ende, denn dank Carl Zuckmayer hat er 1927 in einem Schauspiel Unsterblichkeit erlangt.

Kurz vor seinem Tod hat Zuckmayer noch erfahren, daß der WDR-Autor Klaus Wirbitzky den *Schinderhannes* zum Musical umarbeiten wollte. Er war einverstanden.

Wirbitzky, durch Musicals wie *Wer kennt Jürgen Beck?* und *Tingel-Tangel* als metiererfahrener Mann ausgewiesen, straffte das Werk, obwohl es mit mehr als fünfzig Rollen immer noch recht personenreich geriet.

Für die Musik war ich zuständig. Zunächst habe ich das traditionelle Theaterorchester um ein differenziertes Schlagzeug, um Elektrogitarre, Klavier, Vibraphon und Xylophon erweitert. Dann habe ich versucht, den Gang der Handlung mit balladesken Anklängen, Gassenhauer-Reminiszenzen, Marschmusik und Swing zu unterlegen.

Ob es mir gelungen ist?

Zitat aus der *Welt:* »Eine musikalische Räuberpistole, die mitten ins Herz trifft ...«

DREIZEHNTES KAPITEL

High society

WIE DIONNE WARWICK IM STUDIO AUSGETRICKST WURDE

*»Auch Stars sind nur Menschen.
Menschen, die Szenen machen und genießen.
Menschen, die auch mal
ausflippen können.«*

»Ein guter Entertainer soll eine Show machen, wie er will, wenn er dabei diszipliniert bleibt und nie die Kontrolle über sich selbst verliert ...«

Dieses Zitat von Shirley Bassey kann ich nur voll unterstreichen. Allerdings mit dem kleinen Zusatz, daß Stars auch nur Menschen sind. Menschen, die Szenen machen und genießen. Menschen, die auch mal ausflippen können.

Ich bin in meinem Leben vielen bekannten Künstlern begegnet und habe sie auf der Bühne und hinter den Kulissen erlebt. Von ihnen möchte ich jetzt erzählen. Von ihren Ängsten und ihren Allüren. Von ihren Schwächen und ihren Macken.

Beginnen möchte ich dieses Prominenten-Potpourri mit der Frau, die am Anfang ihrer Karriere für einen Wochenlohn von fünfunddreißig Mark in ärmlichen Arbeiterkneipen sang und dann mit der Titelmelodie für den James Bond Film *Goldfinger* der Star Shirley Bassey wurde – ein Weltstar, der vor Königin Elisabeth und auf den Bällen der Oberen Zehntausend sang. Ich lernte sie als eine Künstlerin kennen, die ihr Publikum immer ernst nimmt, allerdings war sie auch eine Diva, die auf geringfügige Pannen im Studio mit Wutanfällen reagiert.

Für die Proben hatte sie ihren eigenen Musikchef mitgebracht. Ich hatte nichts dagegen. Wir verstanden uns gut, denn ich habe mich nie darum gerissen, alles selber zu machen.

Auch Shirleys Mann war bei den Proben dabei. Er paßte auf, daß die Kamera jede ihrer Bewegungen richtig einfing. Shirley machte wie immer ihre Sache fabelhaft. Aber vor der eigentlichen Aufnahme blieb noch etwas Zeit, weil die Beleuchter noch nicht fertig waren.

Als Shirley ungeduldig auf der Bühne herumstand, meinte Regisseur Dieter Finnern, sie könne doch solange in der Garderobe warten.

»Shirley, you can go back to your room«, sagte er zu ihr. Aber das war eigentlich ein Satz, den man zu einem Kind sagt, das nicht artig ist.

»What do you mean?« fragte Shirley und funkelte Finnern mit ihren Augen an. »Go back to your room?« Im gleichen Augenblick flogen die Mikrofone, und Finnern mußte in Deckung gehen. Shirley war wie eine Raubkatze.

Probleme gab es auch bei einer Show mit dem amerikanischen Star-Komiker Jerry Lewis. Ich lernte ihn beim Abschlußkonzert der *Goldenen Rose* von Montreux kennen. Er wurde am Flugplatz mit einem Mercedes 600 abgeholt. Sein Gepäck mußte mit einem LKW transportiert werden. Jerry hatte siebenunddreißig Koffer dabei und einen ganzen Haufen Golfschläger – eine sympathische Macke von ihm, die ich gut verstehen kann, da ich selbst ein begeisterter Golfer bin. Weil Jerry die Garderobe zu klein war, mußte die Bar im Casino von Montreux für ihn als Umkleideraum freigemacht werden. Unmengen von Pepsi-Cola-Flaschen standen dort herum. Ich wunderte mich darüber, bis ich erfuhr, daß Jerry einen entsprechenden Werbevertrag hatte.

»Ich trinke Pepsi überall, wo ich auftrete«, verriet er mir.

Später erlebte ich ihn auf der Bühne. Er war umwerfend gut. Nur mit dem Regisseur hatte er Probleme, weil der die Show nicht so drehen wollte, wie Jerry es gewohnt war.

Jerry blieb zunächst cool.

»Hey man, mach jetzt keine Kunst hier«, sagte er zu dem Regisseur. »Ich habe die Show schon hundertmal gemacht und über vierzig Filme gedreht. In dieser kurzen Zeit kann man die Sache nur so aufnehmen: Wenn ich mit dem Gesicht Faxen schneide, muß ich in der Kamera eins sein. Wenn ich mit den Armen agiere, muß auf die Kamera zwei umgeschaltet werden. Und wenn ich tanze, muß ich in der Kamera drei sein. Nur so läuft die Show.«

Der Regisseur reagierte sauer: »Wer bin ich denn? Ich lasse mir von diesem Komiker doch nichts erzählen!«

Dann hat er seinen Willen durchgesetzt und die Kameraeinstellung so gemacht, wie er es für richtig befand. Das Ergebnis war niederschmetternd, nichts stimmte mehr überein, und Jerry ist an diesem Abend fast wahnsinnig geworden.

Später erzählte er mir, daß er schon mit fünf Jahren in New York auf der Bühne stand und die Leute zum Lachen brachte. Als er elf war, verkaufte er nach Schulschluß Würstchen. Mit dreizehn war er Platzanweiser in einem New Yorker Kino. Später bildete er mit Dean Martin ein Duo und beide wurden in Nachtclubs, im Rundfunk und Fernsehen berühmt.

Seitdem ist Jerry das Markenzeichen für harmlosen Ulk, dem aber eine tiefere Bedeutung zugesprochen werden kann, geworden. Besonders sympathisch an seinen Produkten finde ich, daß bei ihm der Unterlegene immer siegt.

Eine ganz andere Masche hatte Gilbert O'Sullivan drauf, den ich bei einem Gala-Abend im Wiener Konzerthaus kennenlernte.

Während andere Popgruppen Gitarren zerschmettern und in Brand setzen, die Trommelfelle der Fans mit Phongewittern zertrümmern, Ballettmiezen sich auf drehbaren Plattformen räkeln lassen, kam Gilbert einfach nur in kurzen Hosen daher – Flanellhemd, Schlotterjacke, klobige Schuhe und Ballonmütze.

Das nostalgische Aussehen des kauzigen Iren war allerdings nicht rein zufällig: Sein Manager Godon Mills, Entdecker und Betreuer von Tom Jones und Engelbert Humperdinck, hatte ihm die alten Klamotten verpaßt. Unterstützt wurde der optische Gag durch die klangliche Assoziation des Künstlernamens (der Geburtsname ist Raymond O'Sullivan) an das englische Operettengespann aus dem letzten Viertel des neunzehnten Jahrhunderts William Schwenk Gilbert und Arthur Seymour Sullivan, kurz Gilbert und Sullivan genannt.

Die pfiffige Aufmachung zahlte sich aus: Gilbert, der vor seiner Sänger-Karriere als Packer in einem Warenhaus und später bei der Post arbeitete, verkaufte in zwei Jahren über zehn Millionen Schallplatten.

Ein anderes kalkuliertes und gewinnbringendes Kuriosum war, daß er sich vor Tourneen äußerst rar machte. Man kannte ihn von Bildern, Schallplatten und Fernsehauftritten, aber erst viel später sang er auch in Konzertsälen. Damals hatte ihm sein Manager allerdings schon ein neues Outfit verpaßt: Gilbert als schöner, sympathischer Jüngling mit nachdenklichen Augen, modisch gepflegtem Haar und lässig aufge-knöpftem Hemd, aus dem ein Amulett und männliches Brusthaar lugten.

Vom komischen Kauz hatte er sich in einen schönen Pfau verwandelt. Er war plötzlich der »andere« Pop-star, dem niemand böse ist, bis zu seinem Auftritt in Wien ...

Gilbert war der Stargast bei dem Gala-Abend und brachte seinen musikalischen Leiter mit. Wir hatten schon einen Teil des Konzerts gespielt. Ich übergab dann das Orchester und ging von der Bühne.

In diesem Augenblick kam mir Gilbert entgegen. Er blickte mich an, aber ich hatte das Gefühl, als ob er mich gar nicht sah. Seine Augen waren knallrot, ent-weder hatte er getrunken, oder er war high.

Er sang ein Lied, und dann fing er an Entertainment zu machen. Auf der Bühne stand ein wertvoller Bösen-dorfer Flügel, dessen Deckel hochgeklappt war. Gil-bert löste die Haltestangen und ließ den Deckel nach unten fallen. Das gab einen solchen Knall, daß die Mikrofone ihren Geist aufgaben und ausgetauscht werden mußten. Dann ist er auf den Flügel gesprungen und hat angefangen zu steppen.

Schade um das fabelhafte Instrument, es war nach dieser Einlage natürlich vollkommen hinüber. Einen Moment später setzte sich Gilbert auf die Bühnen-rampe, die mit Blumentöpfen geschmückt war. Erst riß er die Blumen heraus und warf sie ins Publikum, dann nahm er es nicht mehr so genau und ließ ein paar Töpfe folgen.

Daß sich selbst ein Star so nicht auf der Bühne aufführen sollte, hat er erst am Schlußapplaus der Wiener gemerkt. Der nämlich fiel sehr dünn aus.

Zu dem Kreis der sogenannten Superstars zählt Dionne Warwick, die ich bei Studioaufnahmen kennengelernt habe. Vier »Grammys«, dem »Oskar« der Filmindustrie vergleichbar, haben sie in Amerika zur singenden Show-Göttin gemacht, die Ex-Präsidenten wie Gerald Ford oder Lyndon Johnson zu ihren Freunden zählt.

Die »Schwarze Rose«, wie Mrs. Warwick auch genannt wird, trägt zu Recht die Bezeichnung »Superstar«. Sie versteht es meisterhaft, die Grenzen zwischen Rhythmen und Blues, Gospel, Pop und Jazz elegant zu verwischen – und genau darin besteht ihr besonderer musikalischer Reiz.

Aber sie ist nicht nur eine Künstlerin, an der sich Augen und Ohren weiden, sondern auch jeder Zoll eine Dame, die weiß, was sie will und was sie wert ist.

Vor dem Publikum zu katzbuckeln, hat die von Preisen und Auszeichnungen verwöhnte farbige Vokalistin nicht nötig, und auch im Studio gibt sie den Ton an. Nur einmal wurde sie ausgetrickst.

Sie kam ins Studio, und als sie nur ein Mikrofon sah, verlangte sie zwei weitere für ihre Begleitsängerinnen. Daraufhin erklärte ihr der Toningenieur, daß dies nicht nötig sei, weil es sich bei dem Mikrofon um ein Stereogerät handelte, das nach beiden Seiten aufnahm.

Aber Dionne wollte unbedingt ihren hübschen Kopf durchsetzen.

»Ich will zwei Mikrofone für meine Girls«, verlangte sie.

»Aber es sind doch eigentlich zwei«, erklärte der Toningenieur.

Jedes weitere Wort war vergeblich. Sie bestand auf ihrer Forderung.

Schließlich gab er nach und stellte zwei Mikrofone auf. Aber die Kabel ließ er irgendwie hinter dem Vorhang verschwinden, ohne sie anzuschließen.

Hauptsache, Dionne war zufrieden.

Solche kleinen Probleme treten immer wieder auf. Ich erinnere mich, daß sich Mireille Mathieu einmal in ihrem Hotelzimmer einschloß und fast einen Auftritt platzen ließ. Sie war in »Streik« getreten, weil sie einen Titel singen sollte, der nicht vorgesehen war. Unglücklicherweise war ihr Manager Johnny Stark nicht sofort greifbar. Sie ging in ihr Hotelzimmer und drohte, es nicht zu verlassen, bevor sie nicht mit ihm gesprochen habe. Schließlich konnten wir ihren Manager ausfindig machen, und nachdem er eine neue Reihenfolge der Titel festgelegt hatte, flog der »Spatz aus Paris« endlich aus seinem Zimmer und war bereit, zu singen.

Eine andere Kapriole erlebte ich mit Joy Fleming, Deutschlands berühmtester Blues-Sängerin.

Erinnern Sie sich an den *Neckarbrücken Blues?* – Das war 1972.

Als »Lady Jazz« hat man damals die strubbelige, einen Meter sechzig große und dreiundsechzig Kilo schwere

144

Joy Fleming gefeiert. Wenn sie sang, horchte jeder auf, denn sie sang nicht nur – sie röhrte, sie schrie, mit ihrer Drei-Oktav-Stimme, die sie wie ein Musikinstrument bearbeitete und aus dem sie zarte Töne und schrille Dissonanzen preßte.

Schon in der Schule – so erzählte mir Joy einmal – ordnete der Lehrer während des Unterrichts oft an: »Los, Erna, sing den Blues.«

Erna Strube ist Joys bürgerlicher Name. Sie wuchs in Mannheim zu einer Zeit auf, als amerikanische Soldaten in die Stadt einzogen und im benachbarten Heidelberg eines ihrer Hauptquartiere einrichteten. Von daher schon ergab sich, daß Joy sehr früh Kontakt mit einer typisch amerikanischen Musikgattung bekam – dem Blues.

Sie begann in ihrer Freizeit zu singen. Mit vierzehn gab sie ihre Lehre in einem Lebensmittelgeschäft auf und tingelte in Clubs der amerikanischen Soldaten und in den Kneipen, in denen die GIs verkehrten, herum. Mit neunzehn hatte sie ihre eigene Band: *Joy and the Hitkids,* später *Joy Unlimited.*

Sie schulte ihre Stimme an den großen Vorbildern, zum Beispiel an Bessie Smith. Joy wußte sehr bald, wie man den Blues hinausschreien kann. 1972 startete sie ihre Solokarriere mit einer Rakete: dem *Neckarbrükken-Blues,* ein Dialektstück, das Maßstäbe setzte.

Joy erzählte mir, daß dieser Song aus einem Scherz entstand. Sie war mit ihren Musikern im Studio versammelt. Der Pianist schlug ein paar Blues-Akkorde an, und Joy improvisierte – nur so zum Spaß – einen Text im Mannheimer Dialekt.

Der Text ist ein richtiges Bluesthema. Die Geschichte der einsamen Frau, deren Mann immer wieder über »die Brick« zu einer anderen geht. Aber: »Die Manne kumme allweil wieder zurück / Dann sin se hungrig oder krank / Und auch mei Kal g'heert zu dera Sort / Gott sei Dank / Nee, so oft kann der gar net fort / Wie er wieder z'rück kommt – iewer die Brick – oh yeah ...«

Oh yeah, kann ich da nur sagen, das war der erste authentische Blues made in Germany. In hochdeutscher Sprache hätte er kaum so gelingen können. Aber der Blues der amerikanischen Farbigen wird ja schließlich auch nicht in Oxford-Englisch gesungen.

Joys Erfindung, der »Mannemer Blues«, wurde 1975 auf der internationalen Schlagermesse in Cannes über alle Maßen gelobt und drei Monate später beim Grand Prix d'Eurovision in Stockholm niedergeschmettert.

»Das war eine einzige Verarschung«, erzählte sie. »Wie die mich damals behandelt haben. Bei hohen Liedpassagen haben sie mir einfach den Ton abgedreht. Aber am schlimmsten war doch die Häme der Leute. Da kommt Brunhilde, hieß es. Das war gemein.«

Der gängigen deutschen Schlagerszene hat sich Joy nie angepaßt, denn bei ihr hat es immer richtig gefetzt.

Ich erinnere mich an einen Auftritt im Deutschen Theater in München. Kaum war sie auf der Bühne, legte sie in ihrem Mannheimer Dialekt los.

Als sie nur mäßigen Applaus erhielt, drehte sie sich zu mir um und sagte: »Bin ich hier im Altersheim, oder was ist hier los?«

Anschließend brachte sie noch einen Titel. Sie sang

wirklich fabelhaft, aber wieder wurde nur müde ge-
klatscht.
Da ging ihr das Temperament durch.
»Ach, leckt mich doch alle am Arsch«, schimpfte sie,
als sie die Bühne verließ.
Der Satz kam noch übers Mikrofon, aber Joy beküm-
merte das ganz und gar nicht.
Yeah, so war das!

VIERZEHNTES KAPITEL

On the sunny side of the street

TOURNEEN
UM DIE HALBE
WELT

»Die Band ist zwar keine Räuberbande,
aber halt auch alles andere
als ein Mädchenpensionat.«

Ich habe als Orchesterchef Tourneen um die halbe Welt gemacht und auf diese Weise viele fremde Länder besser kennen- und verstehengelernt: Amerika, Rußland, Rumänien, Tunesien, Portugal und Polen, um nur einige wichtige Stationen zu nennen. Und viele bekannte Künstler haben mich auf diesen Reisen nach Noten begleitet.

Solche Tourneen verlaufen nicht immer ganz problemlos. Wenn ich so etwas sage, dann meine ich, daß es manchmal persönliche und menschliche Schwierigkeiten gibt. Die Band ist zwar keine Räuberbande, aber halt auch alles andere als ein Mädchenpensionat.

Ein beliebter Spaß ist das Austauschen der Nummern an den Zimmertüren. Das große Los zieht der, an dessen Tür jemand die Ziffer 00 anbringt. Um vier Uhr in der Früh poltert meistens der erste dagegen: »Mensch, das dauert aber lange! Beeilen Sie sich, ich muß auch mal ...«

Dazu fällt mir die Geschichte ein, als der »lachende Vagabund«, Fred Bertelmann, einen Toten im Fahrstuhl entdeckte. Das war auf einer Frankreich-Tournee. Wir saßen abends nach dem Auftritt noch eine Weile in der Bar zusammen, als plötzlich Fred an unseren Tisch kam. Er war kreidebleich im Gesicht.

»Du Paul«, flüsterte er. »Ich glaube, im Fahrstuhl liegt ein Toter.« Er schluckte. »Und ich glaube, der ist vom Orchester.«

Ich bin sofort zum Fahrstuhl gerannt. Tatsächlich lag dort ein Musiker aus meiner Band und gab keinen Muckser mehr von sich. Aber als ich seine Fahne roch, wußte ich, daß er sich nur für eine Zeit verabschiedet hatte. Es hat dann auch tatsächlich ein paar Stunden gedauert, bis seine Lebensgeister zurückkehrten. Seit diesem Trip rührt er keinen Tropfen mehr an und lebt absolut abstinent.

Ganz schön stressig kann auch manchmal die Zusammenarbeit mit den »mittourenden« Künstlern sein. Häufiger Streitpunkt ist der Schlußauftritt, denn ein ungeschriebenes Gesetz unter dem fahrenden Musikervolk lautete: Wer zuletzt auf die Bühne kommen darf, gilt als der Star des Abends. Und weil doch jeder meint, er sei der Größte, hat ein Tourneeveranstalter ganz schöne Nüsse zu knacken.

Trotzdem kann man auf einer solchen Reise eine Menge Spaß erleben. Zum Beispiel mit Bill Ramsey – der komische »dicke Junge« mit der »Reißnagelstimme« ist immer für eine Clownerie gut.

Ich kenne Bill noch aus meiner Frankfurter Zeit. Damals war er Soldat der US-Airforce und kam auf Tournee nach Europa, wo er auch in den Clubs am Main auftrat.

Er stammt aus Cincinnati (Ohio). Durch seinen Vater, der Direktor für Radio- und Fernsehreklame war, kam er schon früh mit der Showbranche in Kontakt. Noch als Schüler verdiente er sich sein erstes eigenes Geld als Jazz-Sänger.

Anfang der fünfziger Jahre ging er mit Eddi Fischer auf Tournee zur Truppenbetreuung in ganz Europa und Afrika. Als er aus der Armee entlassen wurde, blieb er in Deutschland.

Zunächst studierte er Volkswirtschaft und Soziologie, kam dann aber vom Studium ab und verdiente sich seinen Lebensunterhalt durch Singen und Showauftritte.

Aus einem Kontakt mit Kurt Feltz und dem Komponisten Heinz Gietz ergab sich eine fruchtbare Zusammenarbeit. Bill sagte dem Jazz ade und sang Schlager mit verrückten Texten: *Yes, Fanny, ich tu das* oder *Schokoladeneisverkäufer*.

Der Flax nach Noten kam an. 1959 sang er in der NDR-Schaubude den Superhit *Souvenirs, Souvenirs,* der eine halbe Million Mal verkauft wurde. Besonders bekannt wurde er ebenfalls mit *Pigalle* und die *Zukkerpuppe aus der Bauchtanzgruppe*.

Auf den Tourneen war Bill immer für einen Spaß zu haben. Er wurde von einem kleinen Pudel begleitet, dem er eine besonders parodistische Nummer beigebracht hatte, und er freute sich diebisch, wenn er den Sketch vorführen konnte.

Ich erinnere mich an einen Auftritt in Prag. Nach dem Konzert haben wir noch eine Zeitlang in einem Restaurant bei einem süffigen Wein und einem netten Plausch zusammengesessen.

Plötzlich zog Bill ein Stück Zucker aus der Tasche und sagte schmunzelnd: »Paß auf, Paul, ich werde dir etwas zeigen, was du noch nicht gesehen hast.«

Dann legte er den Zuckerwürfel auf den Tisch. Der Hund spitzte die Ohren. Auch die Leute am Nebentisch schauten interessiert herüber, was der Vierbeiner wohl machen würde.

Dann sagte Bill: »Achtung, die Russen kommen.«

Zack. Der Pudel sprang hoch und schnappte nach dem Stückchen Zucker, alles war gut – nur: Die Gäste am

Nebentisch waren alles Russen. Sie haben zwar den Witz verstanden, aber lachen konnten sie nicht darüber.

Meine musikalischen Reisen führten mich mehrmals in den Ostblock. Einmal hat der Intendant des SFB dem Tanzorchester auch ein Engagement in der Sowjetunion vermittelt.

Zur damaligen Zeit fiel es uns allen ziemlich schwer, uns in die Mentalität der kommunistischen Funktionäre hineinzuversetzen und deren Gedankengänge nachzuvollziehen. Da regierte ja noch nicht der neue rote Star Michail Gorbatschow das Sowjetreich, es gab Glasnost und Perestroika noch nicht.

Wir mußten eine Liste unseres Repertoires vorlegen, und dann wurde gestrichen und um jedes Lied gefeilscht. Alles, was irgendwie beatig oder rockig war, flog raus. Alles, was von der Liederzeile an Jungsein oder Freiheit erinnerte, wurde gestrichen.

Unsere Jazztitel hatte ich von Anfang an unter den Tisch fallenlassen. Was meinen sowjetischen Gesprächspartner wider Erwarten verwirrte.

»Sie sind doch bekannt als Jazzmusiker«, staunte er. »Wieso haben sie kein entsprechendes Repertoire?«

Ich fragte: »Ja, wollen Sie denn so was?«

Der Funktionär lächelte gewichtig.

»Natürlich. Jazz ist die Musik der Schwarzen. Die Schwarzen werden unterdrückt. Und die Völker der Sowjetunion solidarisieren sich mit allen Unterdrückten.«

Tatsächlich kamen unsere Jazznummern dann auch am besten an. In Leningrad standen die Leute vor

Begeisterung auf den Stühlen, als wir eine fetzige Jazz-Version des Liedes »Moskauer Nächte« spielten.

Unseren nächsten Auftritt hatten wir in Wilma. Wir spielten dasselbe Stück und erlebten einen Reinfall: Statt Beifall – eisiges Schweigen.

Aber wer kennt sich schon aus in der roten Mentalität? Wilma ist die Hauptstadt von Litauen, und die Leute waren nicht scharf auf die Reverenz an Moskau. Das fiel uns erst ein, als die letzte Note verklungen war.

Wenn ich an dieses Konzert denke, werden auch Erinnerungen wach, die mit einem anderen Auftritt im Ostblock verbunden sind.

Polen 1963. Ich war als deutscher Vertreter zu einem Schlagerfestival nach Zoppot eingeladen worden – allein und mit meinem Lied *Klingelingeling*.

Dieses Schlagerfestival in Zoppot, dem nahe bei Danzig gelegenen Ostseebad, ist eines der größten internationalen Show-Ereignisse im Ostblock, an dem auch viele Künstler aus dem Westen partizipieren.

Ich war in die Vorentscheidung gekommen und galt als Favorit.

Die Hoffnung, den Siegerlorbeer nach Hause bringen zu können, nahm mir allerdings schon sehr bald ein Mitarbeiter des WDR, der damals schon Show-Erfahrung im Ostblock gesammelt hatte.

»Die können es sich nicht leisten, einen West-Künstler gewinnen zu lassen«, erklärte er.

Ich konnte ihm nicht folgen.

»Aber wenn die Jury mir die meisten Punkte gibt?«

Der WDR-Mitarbeiter lächelte mich an. Aber es war ein Lächeln, als habe er Mitleid mit mir.

»Hast du dir die Jury schon angesehen?«

»Nein.«

»Das solltest du aber. Die aus dem Osten haben die absolute Mehrheit.«

»Aber das beweist doch gar nichts«, entgegnete ich.

»Oder willst du behaupten, daß die Jury bestechlich ist?«

Der Mitarbeiter warf mir einen Blick zu, als hätte ich meinen Verstand zu Hause gelassen.

»Tust du nur so naiv, oder bist du wirklich so?«

Offen gesagt, damals war ich noch so naiv. Ich wollte einfach nicht glauben, was mein Gesprächspartner mir klar machen wollte: »Für ein sozialistisches Land ist ein Schlagerwettbewerb doch kein Spiel. Für die ist das ein Teil der Politik. Ein Sänger, der auf Platz eins kommt, dokumentiert die Überlegenheit des sozialistischen Systems. Das ist jedenfalls die Meinung der Funktionäre.«

»Ach, hör doch auf«, entrüstete ich mich. »Du siehst überall rote Gespenster.«

»Wart's ab«, sagte der WDR-Mann. »Du wirst noch an meine Worte denken. Zwar bist du besser als die übrigen Teilnehmer, aber ich schätze, du wirst höchstens einen ehrenvollen zweiten oder dritten Platz kriegen. Und außerdem noch irgendeinen Sonderpreis. Damit ist man ganz großzügig.«

Dann war es soweit – mein Auftritt. Ich hatte einen Riesenerfolg. Aber es kam wie angekündigt. Platz eins machte der russische Künstler. Ich landete auf Platz drei.

Und dann überschlug sich der Moderator in Lobeshymnen auf mich. Ich bekam den Preis der Presse und den Kritiker-Preis und einen anderen für was-weiß-ich-noch.

Als ich hinter die Bühne ging, stand dort WDR-Mann Günther Krenz, unser Teamchef mit ernstem Gesicht.

Ich lachte ihn an.

»Mensch, Günther, natürlich ist es schade, daß wir nicht den ersten Platz geholt haben, aber deshalb brauchst du doch nicht gleich so ein Gesicht zu machen. Wenn die glauben, mit einem Schlager Politik machen zu können, sollen sie doch.«

»Paul«, sagte er. »Das ist nicht weiter tragisch. Aber es gibt eine andere schlimme Nachricht.«

Er zog mich in meine Garderobe.

»Es tut mir leid. Deine Mutter ist gestorben.«

Er hatte bereits am Mittag das Fernschreiben bekommen, mir aber vor meinem Auftritt nichts gesagt.

»Kannst du mich verstehen?«

In diesem Augenblick schrie jemand: »Paul, du mußt noch einmal auf die Bühne.«

Ein Fotograf kam in die Garderobe, um ein Foto von mir zu machen. Ein Journalist bat um ein Interview.

Lache, Bajazzo!

Ja, ich bin noch einmal auf die Bühne und habe das Interview gegeben, weil ich der Meinung bin, daß man als Künstler das Publikum nicht mit seinen privaten Problemen belasten sollte.

Die vorgesehene einwöchige Tournee habe ich allerdings sofort abgeblasen. Ich wollte schließlich nicht während der Beisetzung meiner Mutter in irgendeinem Konzertsaal Frohsinn verbreiten. Das hätte ich nicht gekonnt.

Am nächsten Vormittag ging ich in das Büro der Staatlichen Konzertagentur, die die Tournee organisiert hatte. Ich erklärte, was passiert war und daß ich auf dem schnellsten Wege zurück nach Deutschland müsse.

Die Herren lächelten verbindlich.

»Unser aufrichtiges Beileid. Nur geht das leider nicht. Sie können die Tournee nicht abbrechen. Sie können erst nächste Woche zurück.«

Es kostete Nerven und tausend Worte, bis man mich endlich freigab. Fliegen sei allerdings nicht möglich, hieß es. Die nächste Maschine sei bereits ausgebucht. Ich müsse den Zug nehmen.

Total fertig kam ich in Warschau an und fuhr ins *Europa-Hotel,* dem internationalen Haus für ausländische Gäste mit Devisen.

Dort traf ich Franzosen, die ebenfalls auf dem Festival gewesen waren. Ich erfuhr, daß sie das Flugzeug genommen hatten.

»Aber die Maschine war doch ausgebucht«, sagte ich.

Sie schauten mich erstaunt an.

»Wieso? Wir waren fast die einzigen Passagiere.«

Da wurde mir klar: Meine Bahnfahrt war als »Strafmaßnahme« gedacht gewesen, weil ich die Tournee abgebrochen und die Pläne der Staatlichen Konzertagentur durcheinandergebracht hatte.

Nun, sie hatten ihre kleine Genugtuung.

Lache Bajazzo, dachte ich und schlief ein paar Stunden. Dann nahm ich das nächste Flugzeug nach Frankfurt und war rechtzeitig zur Beerdigung meiner Mutter in Wiesbaden, meiner Heimatstadt.

FÜNFZEHNTES KAPITEL

I found a new baby

BLAUER BRIEF,
SCHEIDUNG UND
NEUANFANG

*»Ich fand in Ute die Partnerin,
die mein Leben privat und
musikalisch bereicherte.«*

Wir waren eine wunderbare, fest verschworene Gemeinschaft und hatten international Erfolg. Achtzehn Musiker, die nicht nur einen bekannten Klangkörper bildeten, sondern auch die Stadt Berlin repräsentierten. Eine der letzten Big-Bands Europas.

Und dann kam der Paukenschlag.

Nach zwölf erfolgreichen Jahren als Leiter der SFB-Big-Band setzte man mir den Stuhl vor die Tür. Und auch alle achtzehn Musiker erhielten die Kündigung und wurden in alle Winde verstreut.

Künstlerpech, könnte man sagen.

Aber es war mehr als das. Es war ein Abschied von Menschen, die mir im Lauf der Jahre ans Herz gewachsen waren und mir viel bedeuteten. Und für mich war dieser Abschied doppelt schmerzlich, weil ich nicht verstand, daß so eine Band geopfert wurde – ein Tanz-Orchester, das einer der gefragtesten bundesdeutschen Klangkörper war.

Wie kam es dazu?

1980 hatte der SFB-Rundfunkrat den Etat für das Orchester rigoros um die Hälfte zusammengestrichen. Die Band war nicht festangestellt, sondern wurde über einen Berliner Geschäftsmann für jährlich 2,7 Millionen Mark an den Sender vermietet. Diese Summe war dem SFB zu hoch geworden.

Mitte August legte man uns statt der Noten dann die Kündigung aufs Pult. Nach all diesen Jahren war das ein harter Schlag.

Aber damit war meine Pechsträhne noch nicht beendet.

Auch meine aus Amerika importierte *Gong Show,* in

der Laien Talent beweisen sollten, bestand ihren Fernseh-Test nicht und fiel durch. NDR-Unterhaltungschef Regnier meinte: »So was ist in Deutschland nicht zu machen. Nach der vierten Folge hören wir auf.«

Dann kündigte mir meine Kölner Plattenfirma EMI-Electrola nach fünfundzwanzig Jahren den Vertrag und während dieser ernsten beruflichen Krise kam es auch zur Trennung von meiner zweiten Frau. Monika verließ mich nach fünfjähriger Ehe.

Sie war Mannequin in Berlin und vierzehn Jahre jünger als ich. Wir wußten von Anfang an, daß wir keine normale Ehe führen würden – ich war ja beruflich viel unterwegs. Wir haben das beide akzeptiert und waren uns bewußt, welche Risiken ein solches Leben für eine Ehe birgt.

Ich konnte und kann ohne Musik nicht leben. Mein Leben wird durch sie bestimmt. Und wenn ich ehrlich zu mir selbst bin, muß ich eingestehen, daß meine Ehe mit Monika von vornherein gefährdet war.

Die Boulevardpresse berichtete dann hämisch, daß meine Frau einen Geliebten habe; daß sie meine Konten mehr liebe als mich; daß sie sich zwar von mir, aber nicht vom größten Teil der kostbaren Möbel getrennt habe.

Die Zeitungsspalten waren voll von solchen Geschichten.

Ich möchte dazu nichts sagen. Nur eines möchte ich feststellen: Dieser Presse-Klatsch über mein Privatleben hat nicht nur Spuren im Sender hinterlassen, sondern auch ganz schön weh getan.

Ich war plötzlich »Schnee von gestern«. Oder anders

gesagt: Rien ne va plus – es ging wirklich nichts mehr, weder privat noch beruflich.

Ich fühlte mich allein und verlassen. Verlassen von meiner Frau, verlassen aber auch von zahlreichen sogenannten Freunden, die in den erfolgreichen Jahren in meiner Berliner Wohnung Feste mit mir gefeiert hatten.

Ich habe stundenlange, einsame Spaziergänge durch die Berliner Parks gemacht und darüber nachgedacht, warum plötzlich alles schiefgelaufen ist.

Ich hab' die schwere Zeit überlebt!

Nicht zuletzt dank einiger lieber echter Freunde, die mir die Stange gehalten haben. So wie meine Mitarbeiterin beim SFB, Vera Groeger.

Viele Leute wissen nicht, wie sie wirklich heißt. Denn in der Musikbranche kennt man sie nur als fleißiges »Mäuschen«, auf das man sich in jeder Situation verlassen kann.

Sie führte viele Jahre meinen Terminkalender, plante und organisierte alle Tourneen und stand mir auch mit Rat und Tat bei, als mir das berufliche Pech an den Fingern klebte.

Ein herzliches Dankeschön, Vera!

Meine zweite Ehe war also zu Ende. Ich war ganz unten. Ich stand auf der Straße. Aber ich hatte immer noch meine Musik. Ich würde noch einmal von vorne anfangen.

Daß ich es geschafft habe, verdanke ich einem Glücksfall. Der Glücksfall hieß Ute Hellermann, eine hübsche, rothaarige Sängerin, die schon in jenen Jahren auf der gleichen Musikwelle swingte wie ich.

Die Chefin der *Ute-Mann-Singers* stand mir während des beruflichen Tiefs bedingungslos zur Seite und verlor niemals den Glauben an mich. Sie machte mir Mut für einen Neuanfang. Sie inspirierte mich und erarbeitete mit mir ein neues Musik-Konzept.

Wir kannten uns bereits seit 1979 von Berlin her, wo wir uns des öfteren im Studio begegnet waren. Anfangs war unser Interesse füreinander rein beruflicher Natur. Ich war ja noch verheiratet, und ich merkte, daß diese Tatsache wie eine innere Bremse bei ihr wirkte. Nähergekommen sind wir uns eigentlich erst auf meiner letzten Tournee, die nach Portugal ging und bei der Ute mit von der Partie war.

Damals fand ich in Ute die Partnerin, die mein Leben privat und musikalisch bereicherte. Sie ist ja nicht nur eine Kennerin der Branche, sondern hat selbst Musik im Blut.

In ihrem Lebenslauf finden sich sogar Parallelen zu meinem Werdegang. Mit sechs Jahren – im gleichen Alter wie ich – interessierte sie sich bereits für die Tasten, die die Welt bedeuten, und klimperte auf dem Klavier.

Geboren wurde sie in Bad Kreuznach. Ihr Vater war bei der Bundesbahn und unterstützte ihr musisches Talent – sie erhielt Klavierunterricht. Allerdings war er strikt dagegen, daß sie die Musik zu ihrem Beruf machte. Dieser Gedanke war für ihn ein Alptraum.

Für sie aber war es ein Traum, Musikerin zu werden, und den ließ sie sich nicht nehmen. Mit achtzehn wurde sie Sprechstundenhilfe und finanzierte sich von ihrem Gehalt die ersten Gesangstunden. Dann nahm sie ein Tonband mit verschiedenen Liedern auf und schickte es nach Köln. Der Empfänger war Kurt Feltz, der damals wohl bekannteste und beste Produzent. Sie bekam einen Termin zum Vorsingen, wie es so schön heißt. Das hat sie auch gemacht und wurde vom Fleck weg von Günter Kalmann für seinen Chor engagiert. Da war sie neunzehn.

Sie feilte weiter an ihrer Stimme, nahm in Berlin Gesangunterricht bei Hermann Prey und reiste dreizehn Jahre lang mit dem Kalmann-Chor um die halbe Welt. 1973 stieg sie für eine Weile aus der Musik-Szene aus und ließ sich zum Bürokaufmann umschulen. Doch ein Leben ohne Musik, das war nichts für sie. Mit einem neuen Chor feierte sie ein Comeback – die *Ute-Mann-Singers* waren entstanden.

Wir begannen gemeinsame Pläne zu schmieden. Ich gab meine Vier-Zimmer-Dachwohnung in Berlin auf, und wir zogen nach Köln.

Der Wechsel an den Rhein bekam uns beiden gut. Wir wurden von den Kölnern herzlich aufgenommen und fühlten uns hier bald pudelwohl, was uns beiden und auch unserer Schaffenskraft zugute kam.

Ich begann damit, eine neue eigene Big-Band auf die Beine zu stellen. Mit vier Solisten von der SFB-Truppe und acht »freien Musikern« aus dem Rheinland – und mit den *Ute-Mann-Singers*.

Es freute mich besonders, daß auch ein Musiker, den ich zur Garde der großen Jazz-Trompeter zähle – Roffe (Rolf) Ericson, ein sehr alter und guter Freund von mir und ein »Kampfgefährte« aus vielen musikalischen »Schlachten«, zu uns stieß.

»Rolfi«, wie er liebevoll von der Band genannt wird, wurde in Stockholm geboren. Er ging 1947 nach Amerika und spielte dort mit den größten Jazzern: Benny Carter, Charlie Barnet, Charles Ventura, Benny Goodman und Woody Herman.

Später kehrte er nach Schweden zurück und hatte ein Engagement bei Domnerus. Dann zog es ihn wieder über den großen Teich. Er jazzte mit Sten Kenton, Les Brown, Benny Bailey und vielen anderen Weltstars.

Er ist einer der wenigen Europäer, der den legandären »Bird« (Charly Parker) persönlich kennengelernt hat. Schallplatten unter seinem Namen hat er u.a. mit Curtis Counce, Harold Land und Howard Rumsey aufgenommen.

Yeah, Folks, Rolfi »is something else«.

Ein Top-Musiker, absolut »straight« und zu keinen Konzessionen bereit. Als er nach Berlin kam, blieb er ein paar Jahre in der SFB-Big-Band, und wir haben viele Auftritte zusammen gehabt. Später, als die Band aufgelöst wurde, ging er wieder nach Amerika und spielte am Broadway.

1982 kam er mit der Miller-Band nach Europa, und er schrieb mir eine Karte mit seiner neuen Adresse.

Ich bereitete schon mein Comeback in Köln vor und arbeitete oft bis zum frühen Morgen. In dieser Zeit entstanden viele brauchbare Arrangements.

Ich unterzeichnete einen neuen Plattenvertrag mit »Europa«, und am 2. Oktober 1981 gab ich mit einer modernisierten Big-Band beim Presseball in Köln den offiziellen Einstand vor großem Publikum. Ich hatte das Eröffnungslied komponiert.

Die Veranstalter, die Kölner Journalistenvereinigung und der Sozialfonds Kölner Journalisten, hatten in dem Jahr darauf verzichtet, einen »Star des Abends« zu engagieren. Sie übernahmen eine Idee, die bereits beim Presseball in Essen erfolgreich ausprobiert wurde: Zwei Orchester spielten um die Wette. Kurt Edelhagen und seine Musiker und meine neue Big-Band.

Ich darf sagen, daß beide Orchester ihr Bestes gegeben haben und daß die Veranstaltung ihrem Motto gerecht wurde: Es war eine *Nacht voller Musik*.

Presseball-Erfahrung hatte ich bereits als Leiter des SFB-Tanzorchesters gesammelt. Eine besondere Erinnerung habe ich an den Bundespresseball in Bonn im Jahre 1976. Damals schrieb ich den Eröffnungswalzer. Titel der Komposition: *First Lady*.

Es war meine Referenz an Mildred Scheel, die Gattin des Altbundespräsidenten Walter Scheel. Mir hat nicht nur ihr leidenschaftliches Engagement für die Krebshilfe imponiert, sondern auch ihr selbständiges, unkonventionelles Auftreten. Obwohl sie dreimal in der Bundesrepublik zur »Frau des Jahres« gewählt wurde, legte sie auf die Bezeichnung »First Lady« keinen Wert. Als Anrede war ihr »Frau Scheel« lieber.

Ich hatte ihr die Komposition vor dem Presseball auf Tonband überspielt und in die Villa Hammerschmidt geschickt. Nach dieser Melodie hat sie dann zusammen mit dem Vorsitzenden der Bundespressekonferenz, Ernst Ney, den Ball eröffnet.

Später habe ich sie einmal auf einem Empfang in

Bonn wiedergetroffen. Sie war in Begleitung von drei Sicherheitsbeamten.

»Hallo, Paul«, begrüßte sie mich.

Und mit einem Augenzwinkern fügte sie hinzu: »Wir hätten doch heiraten sollen. Ich glaube, wir hätten ein lustiges Paar abgegeben. Findest du nicht?«

»Ja, da hast du recht«, sagte ich grinsend.

Schade, daß gerade kein Fotograf zur Stelle war und die erstaunten Gesichter der Leibwächter fotografiert hat.

Spaß muß sein.

Für mich war am Rhein die Welt wieder in Ordnung. Ich fühlte mich wie ein neuer Mensch – in jeder Beziehung. Ich hatte einen neuen Plattenvertrag, eine neue Band, eine Menge neuer Ideen, eine neue Heimat und eine musikalische Weggefährtin, die mir nicht nur den Rücken bei meiner Arbeit freihält, die Termine festlegt und meine Finanzen ordnet, sondern mit der ich auch privat ausgezeichnet harmoniere.

»Paulchen Kuhn am Rhein musikalisch neugeboren«, schrieb der *Kölner Express*.

Da kann man mal sehen, was Liebe alles bewirkt.

Mein Leben swingte wieder.

SECHZEHNTES KAPITEL

Body and soul

DAS GEHEIMNIS VON PAUL KUHN
INTERVIEW VON
ERICH SCHAAKE

Es war an einem Abend im September. Ich saß mit meinem Freund, dem Kölner Jazz-Pianisten, Keyboarder und Produzenten Mike Herting (»Härte Zehn«), zusammen. Wir tranken eine gute Flasche Bordeaux und unterhielten uns über Gott und die Welt. Irgendwann erzählte mir Mike, daß er von Zeit zu Zeit in der neuen Paul Kuhn Big-Band mitspiele. Dabei lächelte er mich verschmitzt an, als habe er gerade einen Witz gemacht.

»Was ist daran so komisch?« fragte ich.

»Ja, ja, der Paul, das ist vielleicht 'ne Type,« grinste Mike. »Den mußt du unbedingt einmal kennenlernen. Der ist kein Schriftsteller wie du. Der ist Musiker, und er hat lieber ein Klavier vor sich als ein Stück Papier. Trotzdem gibt es eine Menge Sachen, die er erzählen kann. Außerdem ist sein Herz so groß wie sein Flügel, auf dem er spielt.«

Mike lachte mich vergnügt an. Es war ein Lächeln, dessen Bedeutung ich damals noch nicht verstand.

Ich kannte ja auch sein Geheimnis noch nicht – das Geheimnis von Paul Kuhn.

Zwar war der Mann am Klavier kein unbeschriebenes Blatt für mich. Aber ich trug noch kurze Hosen, als er sich bereits Anfang der fünfziger Jahre am Piano zu schaffen und den Swing in Deutschland salonfähig machte. Später habe ich ihn dann auch häufig – wie Millionen andere Fernsehzuschauer – auf dem Bildschirm erlebt: Ein Sonnyboy mit dem Gesicht eines coolen Katers.

Ich freundete mich mit seiner komischen Zahnlücke an, ich gewöhnte mich an seine schnurrende Ever-

greenstimme, ich amüsierte mich über die 171 Zenti-
meter, die nur aus Wortspielen, Scherzen und Musik
zu bestehen schienen, immer lässig, locker und swin-
gend.

Dann kam mein Freund Michael Herting und weckte
mit seinen Erzählungen über den »lockeren Typen«
auch mein berufliches Interesse an dem Menschen
Paul Kuhn.

Was war das Geheimnis seines Erfolges? War er wirklich der Sonnyboy für den ihn alle hielten? Was für ein
Leben führte er privat? Wie sah sein Alltag aus?

Einige Monate später war es dann soweit. Ich saß dem
Mann am Klavier in einem persönlichen Interview für
dieses Buch gegenüber, und bald darauf lernte ich
auch sein Geheimnis kennen: Allein bei der Nennung
seines Namens erscheint dieses vergnügte Lachen auf
den Gesichtern seiner Fans. Diese Wirkung übte Paul
Kuhn auch bald auf mich aus, und sie ist bis heute
geblieben.

Ich kann dieses Phänomen nur so erklären: Wenn man
mit Paul Kuhn eine Zeitlang zusammen war, fühlt man
sich hinterher so, als sei das Leben ein einziger Spaß.
Man nimmt alles nicht mehr so ernst.

Langeweile? Einsamkeit? Depressionen? Warum gleich
zum Psychiater rennen? Ich empfehle eine Therapie à
la Paul Kuhn. Ein paar Takte Swing, ein paar lockere
Sketche. Wetten, daß jeder gleich wieder in Schwung
kommt? Auch ohne Beruhigungspillen und Seelenmas-
sage.

Als ich den »swingenden Medizinmann« zum ersten
Mal in seiner damaligen Kölner »Praxis«, sprich Woh-

nung, aufsuchte, wußte ich nicht, welche »Therapie«
mir bevorstand. Denn es ist immer so eine Sache, wenn
man zu Interviews mit berühmten Leuten geht.

Kann man das, was die Stars populär gemacht hat,
überhaupt begreifen? Wird es möglich sein, ein bißchen aus ihrem Privatleben zu erfahren? Kann man
locker mit ihnen reden? Oder bleiben sie verschlossen
und verbergen ihr wahres Gesicht?

Ich war wahnsinnig gespannt, als ich dem Taxifahrer
die Adresse von Paul Kuhn nannte. Ein paar Minuten
später hielt der Wagen in der Kaesenstraße, einer
bevorzugten Wohngegend im Kölner Süden.

Ich stieg aus und ging die wenigen Schritte zu dem
Haus Nummer 7, einer schönen, alten, mehrstöckigen
Villa. An der Eingangstür warf ich einen Blick auf die
Namensschilder. PAUL KUHN – UTE HELLER-
MANN stand dort auf poliertem Messing.

Ich drückte auf die Klingel. Ein paar Sekunden später
summte der Öffner, und die Tür sprang auf. Ich betrat
das breite, helle Treppenhaus und stieg in die dritte
Etage empor, dort wurde ich bereits erwartet.

»Hallo.«

Es war die Stimme von Paul Kuhn mit jenem Touch
von Nonchalance, der für ihn typisch ist. Und dann
erblickte ich ihn. Er trug einen Morgenmantel und sah
aus, als habe er die Nacht durchgemacht.

Als könne er meine Gedanken erraten, verzog sich sein
zerknittertes Gesicht zu einem breiten Grinsen und
zum erstenmal sah ich die berühmte Zahnlücke in
natura. Und gleichzeitig bemerkte ich den Schalk, der
sich in seinen Augen spiegelte.

172

»Wir hatten gestern abend einen Auftritt. Hinterher ist es noch ziemlich spät geworden. Sie verstehen?«
Er zog vergnügt die Augenbrauen nach oben.
Ja, ich verstand.
Das war genau der Paul Kuhn, wie ihn mir Michael Herting beschrieben hatte. Der Paul Kuhn wie er leibt und lebt. Zu jeder humoristischen Schandtat bereit. Der kein Blatt vor den Mund nimmt und die gewagtesten Sachen sagt, ohne eine Miene zu verziehen. Lokker und relaxed – jedenfalls lockerer als ich.
Ich spürte sofort, daß dies ein Teil seines Geheimnisses war. Das war Gott sei Dank kein Star, sondern ein Mensch, der frei weg von der Leber redet. Ein Mensch, mit dem man Pferde stehlen konnte.
»Kommen Sie herein«, bat er und führte mich in seine Wohnung. »Fühlen Sie sich wie zu Hause. Ich mache uns erst mal einen Kaffee.«
Während er in der Küche verschwand, machte ich es mir auf der Couch bequem und ließ meinen Blick durch den großen Raum schweifen.
Möbel und Bilder hatten eine ganz persönliche Note. Das Herzstück des Raumes bildete ein riesiger, schwarzer Flügel, auf dem ein Stapel Notenblätter verstreut herumlagen. Ein Platz, der so aussah, als habe eben noch ein Arrangeur daran gesessen und komponiert.
Plötzlich fielen mir wieder die Worte von Mike Herting ein, der das Herz von Paul Kuhn mit diesem Flügel verglichen hatte, und ich begann zu verstehen, daß dieser sechzigjährige im Herzen ein junger Jazzer geblieben war, der nur ein Ziel vor Augen hatte: Swing

zu machen und mit jedem Takt eine spezielle Art von Frohsinn zu verbreiten.

In diesem Augenblick kam er mit einem Tablett ins Wohnzimmer. Das Aroma von frischem Kaffee begleitete ihn. Er stellte eine Tasse vor mich hin, und dann bediente er sich selber.

Wir schlürften den heißen Kaffee, und ich fühlte mich plötzlich wie zu Hause. Dann fingen wir mit dem Interview an.

Ich stellte die erste Frage.

»Sind Sie wirklich der Sonnyboy, für den man Sie hält oder ist die Fröhlichkeit nur Maskerade?«

Seine Augen blickten mich interessiert über den Rand der Kaffeetasse an.

»Ich bin von Haus aus ein fröhlicher Mensch. Aber ich täusche keine Fröhlichkeit vor, wenn ich sie nicht empfinde.«

Er stellte die Tasse vor sich auf den Tisch.

»Natürlich haben mich die fast sechzig Jahre, in denen ich Musik mache, ein bißchen nachdenklicher gemacht. Aber im Grunde meines Herzens bin ich zufrieden. Selbst wenn es mal nicht so läuft, wie es laufen sollte. Ich habe den Kopf eigentlich nur einmal hängen lassen. Das war zu Beginn der achtziger Jahre, als alles schieflief. Aber ich habe nie den Mut verloren. Ich habe immer daran geglaubt, daß es irgendwie weitergehen wird.«

»Was tut der Sonnyboy Paul Kuhn gegen Drepressionen?«

Er überlegte, und für ein paar Sekunden schien er weit fort zu sein.

Dann sagte er: »Ich habe mich irgendwann zu dem Standpunkt durchgerungen, daß man die meisten Dinge im Leben nicht ändern kann. Gegen Schicksalsschläge ist man machtlos. Man kann nur eines tun: weiter arbeiten.«

»Dient Ihnen die Musik als Zufluchtstätte?«

»Nein, ich flüchte mich nicht in die Musik. Das wäre falsch. Aber die Arbeit mit Musik hilft mir über viele schwierige Situationen hinweg.«

»Haben Sie schon mal geweint?«

Er blickte mich ernst an.

»Ob Sie es glauben oder nicht: Ich bin sehr sensibel. Ich kann sehr leicht weinen. Mir laufen zum Beispiel die Tränen runter, wenn ich etwas besonders schönes höre. Ich kann das nicht verhindern. Dann weine ich. Nicht weil es traurig ist. Mir läuft es dann einfach runter. Ich kann nichts dafür.«

»War das schon immer so?«

»Seit ich bewußt Musik mache.«

»Glauben Sie, daß Musiker intensiver leben und sensibler sind als andere Menschen?«

»Ja, ich glaube, daß vielen Leuten, die keine Musik machen, einfach etwas fehlt. Etwas, was sie nicht empfinden können, wenn sie keine Musiker sind. Sie können zwar sagen, dieses Stück klingt schön. Aber sie können nicht erklären, warum das so ist.«

»Was fehlt Nichtmusikern?«

»Sie wissen nicht, wie die Musik gemacht wird. Sie wissen nicht, wie ein Mensch auf die Idee kommen kann, ein schönes Stück zu schreiben. Denn dies ist etwas Einmaliges. Wobei man sich darüber im klaren

sein muß, daß viele Musiker für diese Begabung gar
nichts können. Sie haben's einfach mitgekriegt vom
lieben Gott. Eine Gabe, die andere zum Lachen und
zum Weinen bringt. Eine Gabe, bestimmte Gefühle
musikalisch auszudrücken. Das können Musiker viel
besser nachempfinden. Und ich zähle mich dazu.«
»Sind Sie sentimental?«
»Ja, ja, wenn ich mich ans Klavier setze und vor mich
hinklimpere, dann spiele ich sehr gerne sentimentale
Stücke. Diese Stimmung, die auch Frank Sinatra in
seinen Balladen ausdrückt, dieses bittersweete Gefühl,
schön und trotzdem traurig, hat etwas besonders
Anziehendes für mich, etwas, das fast weh tun kann, so
schön ist es.«
Er blickte mich an und wartete auf die nächste Frage.
»Mit welchem Anspruch machen Sie Musik?«
Er rieb sich nachdenklich das Kinn.
»Ich spiele nicht irgendwelche Klimpereien, wenn Sie
das meinen. Sondern ich versuche mir über jeden Ton,
den ich spiele, Gedanken zu machen. Das kann natürlich sehr anstrengend sein.«
»Wie würden Sie sich stilistisch einordnen?«
»Es kommt mir nicht darauf an, besonders viel und
schnell, grandios und virtuos zu spielen. Das mache
ich sehr ungern. Ich versuche nur das Nötigste zu
spielen. Damit das Stück wirkt. Und so geht es mir mit
dem Schreiben von Arrangements auch.«
»Gefällt Ihnen Computer-Musik?«
»Die Musik klingt oft nur so mies, weil sie von schlechten Leuten gemacht wird. Dabei kann man mit dem
Computer schöne Dinge machen. Es gibt auch einige

interessante Gruppen. Aber eine schöne Melodie von Cole Porter ist mir lieber.«

»Welche Musiker bewundern Sie?«

»Leute wie Louis Armstrong, Count Basie und Nat King Cole, die habe ich schon immer bewundert. Das waren musikalische Meilensteine, und ich vermisse sie. Sie sind unersetzlich, und sie haben eine große Lücke hinterlassen. Heutzutage gibt es im Jazz eine Menge guter Leute, aber sie spielen so wie Computer. Die Musik ist mir zu glatt, zu perfekt.«

»Es gab Leute, die haben Sie mit Frank Sinatra verglichen. Haben Sie ihn kopiert?«

»Seit ich bewußt Jazz höre, hat mich seine Stimme fasziniert und begleitet. Denn er ist einer der ganz Großen. Natürlich habe ich manches, zum Beispiel was die Phrasierung betrifft, unbewußt übernommen. Ich finde, das ist legitim. Ich wollte ihn nie kopieren. Aber manchmal klingt es halt so ähnlich, obwohl seine Stimme ein bisserl höher ist als meine. Erst mit dem Alter ist sie rauher geworden.«

»Sind Sie kritisch gegen sich selber?«

»Ja, aber es gelingt mir nicht immer.«

»Ärgern Sie sich über schlechte Kritiken?«

Er zündete sich eine Zigarette an und während er genüßlich den Rauch inhalierte, tritt ein nachdenklicher Ausdruck in seine Augen.

»Ganz wirkungslos geht das natürlich nicht an mir vorüber. Andererseits muß man sich aber darüber im klaren sein, wer kritisiert und warum er kritisiert. Und dann kommt man häufig dahinter, daß es oft Personen sind, die sich nur aufspielen wollen, die beweisen wollen, daß sie auch etwas von der Sache verstehen. Ein amerikanischer Komiker hat einmal den schönen Satz gesagt: »Ein Fernsehkritiker kommt mir vor wie ein Mensch, der den Augenzeugen eines Unfalles den Unfall erklärt.«

Ein Netz von Lachfältchen bildete sich um seine Augen.

»Aber verstehen Sie mich nicht falsch: Ich habe nichts gegen Kritik. Aber sie muß konstruktiv sein. Wenn zum Beispiel ein Mann wie Friedrich Luft, der Theaterwissenschaften studiert hat, sich mit einem Stück auseinandersetzt, dann hat das einen Sinn. Von einem solchen gestandenen Kritiker kann man nur lernen.«

In diesem Augenblick betrat Ute Hellermann, die attraktive, rothaarige Chefin der Ute-Mann-Singers, den Raum und setzte sich zu uns. Der Blick, den sie sich zuwarfen, verriet, daß sich hier zwei Menschen gefunden haben, die privat und beruflich harmonieren.

»Also Ute ist meine wichtigste Kritikerin«, fuhr er fort. »Wenn ich arbeite, hole ich sie häufig herein und spiele ihr die verschiedenen Versionen vor. Dann frage ich sie, was sie darüber denkt. Sie ist eine sehr gute Musikerin und inspiriert mich.«

»Für welche Version entscheiden Sie sich denn gewöhnlich?«

»Meistens für die erste.«

»Können Sie das erklären?«

»Es ist wohl so, daß man häufig spontan beim ersten Versuch das Richtige macht. Ich habe oft festgestellt, daß ich, obwohl die letzte Version eines Stückes total anders war, wieder auf die erste zurückkomme. Spontaneität ist in der Musik sehr wichtig.«

Wir wechselten das Thema und kamen auf das Problem der Einschaltquoten im Fernsehen und ihre Auswirkung auf die Auswahl von Unterhaltungssendungen zu sprechen.

»Es ist sicherlich schwer zu sagen, wo da die Grenze liegt«, sagte er und legte die Stirn in Falten. »Ich bin der Meinung, daß auch eine Minderheit – ich spreche von einer Minderheit in Anführungsstrichen – ein Recht darauf hat, voll mit Unterhaltung versorgt zu werden. Selbst wenn die Fernsehgewaltigen zum Beispiel bei einer Einschaltquote von achtzehn Prozent sagen, das war ja wohl nicht so stark. Denn bei einer Einschaltquote von achtzehn Prozent setzt sich diese Minderheit immerhin aus zwölf bis fünfzehn Millionen Fernsehzuschauern zusammen.«

Während Ute Hellermann in der Küche verschwand, um ein paar belegte Brote zuzubereiten, schnitten wir das Thema »Freunde« an, und ich fragte ihn, ob er davon viele im Showgewerbe habe.

Er warf mir einen amüsierten Blick zu.

»In dieser Haifischbranche hat man eigentlich so gut wie keine Freunde. Man muß furchtbar aufpassen. Ich habe viele gute Bekannte, aber wenige wirkliche Freunde in diesem Beruf. Die Musiker nehme ich aus. Auf die lasse ich nichts kommen.«

»Und auf die Frauen?«

»Das ist eine delikate Frage.«

Seine Augen bekamen einen nachdenklichen Glanz.

»Abgesehen von Verliebtheiten, die jeder Mann in seinem Leben durchmacht, habe ich bei Frauen, die mich ernsthaft interessiert haben, eigentlich immer Wärme gesucht oder ein Zu-Hause-Gefühl, das Gefühl sich wohl zu fühlen. Deswegen hat mich auch die Trennung von meiner zweiten Frau so getroffen. Sie ist einfach weggegangen. Ohne Vorwarnung. Das verkraftet man so schnell nicht.«

Ich blickte mich in der eleganten Wohnung um und stellte dann die nächste Frage: »Welche Rolle spielt Geld in Ihrem Leben?«

»Wenn ich ehrlich bin, eine große Rolle.«

Ein verschmitztes Lächeln breitete sich auf seinem Gesicht aus.

»Mir fällt auch mehr ein, wenn ich gut bezahlt werde. Ich meine das ganz ernst. Wenn ich arbeite, dann macht mir das zwar Spaß, aber es ist auch Arbeit. Manche Leute glauben, wenn man eine Fernsehsendung macht, läuft das so ab, daß man da einfach hingeht, drei Lieder singt, noch eine Conférence macht und dann das große Geld absahnt. Sie denken, das ist ein prima Beruf. Das ist er auch. Aber es ist auch harte Arbeit, die mit großen Schwierigkeiten verbunden ist. Alles muß zum richtigen Zeitpunkt über die Bühne gehen. Das ist ganz schön stressig. Wenn ich das mache, dann möchte ich auch gerne entsprechend bezahlt werden. Die Arbeit von Arrangeuren ist sehr wichtig, und von ihr hängt viel ab. Meines Erachtens wird sie aber unterbezahlt.«

»Wofür geben Sie Ihr Geld aus?«

»Ich möchte gut leben. Ich bin kein Sammler von

irgendwelchen tollen Sachen. Ich möchte einfach nur gut leben.«

»Was verstehen Sie unter gutem Leben?«

»Ich benutze Geld zum Beispiel dafür, daß ich ein vernünftiges Auto fahre oder mir auch schon mal eine Dose Kaviar leiste. Ich möchte auch Golf spielen können, obwohl es teuer ist. Und wenn ich in Urlaub fahre, möchte ich nicht jeden Pfennig einzeln in der Hand herumdrehen. Dann bleibe ich lieber zu Hause.«

»Sind Sie ein politisch interessierter Mensch?«

»Ich interessiere mich sehr für Politik und verfolge mit großem Interesse die gesellschaftlichen Entwicklungen.«

»Können Sie Ihre politische Couleur mit einem Satz umschreiben?«

»Ich bin lieber ein armer Kapitalist als ein reicher Kommunist.«

»Sind Sie eitel?«

»Ein bißchen schon«, antwortete er und strich lächelnd über seine Stirnglatze. »Die paar Haare, die ich noch auf dem Kopp habe, pflege ich, so gut ich kann, und außerdem versuche ich mein Gewicht zu halten.«

»Und was ist mit Ihrer Zahnlücke?«

Jetzt lächelte er breit.

»Sie war viele Jahre ein kleines Problem. Heute macht sie mir nichts mehr aus. Sie ist mein Markenzeichen.«

»Was ist das für ein Gefühl, wenn man populär ist?«

»Als ich mit den Bierschlagern populär wurde, war ich froh, daß die Platte ging, und ich freute mich, als meine ersten Autogrammkarten gedruckt wurden. Dann kam so ein Punkt, wo ich dachte: O mein Gott, du kannst ja nirgendwo mehr hingehen, ohne daß die Leute dir auf die Pelle rücken. Das war aber nur eine kurze Phase. Dann dachte ich: Moment Mal, sei froh, daß die Menschen dich kennen und dir die Hand drücken wollen. Schließlich lebst du von dieser Publicity.«

In diesem Augenblick kam Ute Hellermann aus der Küche und brachte uns eine Platte mit verschiedenen Schnittchen und frischen Kaffee. Wir langten zu und setzten dabei unser Gespräch fort.

»Hat es in Ihrem Leben schon einmal einen Augenblick gegeben, in dem Sie es bereut haben, Musiker geworden zu sein?« fragte ich ihn.

Er blickte mich überrascht an.

»O nein.«

Und während er sich eine neue Zigarette anzündete, fügte er hinzu: »Allerdings muß ich aufpassen, daß ich nicht zuviel Musik schreibe. Aufpassen, daß die Musik nicht zur Fließbandarbeit wird.«

Er blies den Rauch in kleinen Kringeln aus.

»Oft ist die Frist, in der ich an einem Arrangement schreibe, bis zum Abliefertermin so knapp, daß ich dann wirklich andauernd nur noch sitze und schreibe. Das ist nicht immer einfach. Gott sei Dank gibt es aber genug Abwechslung. Ich bin mal im Studio, oder ich gebe ein Konzert, und dann schreibe ich wieder. Dieser ständige Wechsel erleichtert mir die Arbeit. Wenn ich ein paar Tage geschrieben habe, freue ich mich aufs Studio. Und wenn ich im Studio eine Platte gemischt habe, bin ich wieder froh, wenn ich zu Hause bin, mich hinsetzen kann und was Schönes schreiben kann. Also: es ergänzt sich alles sehr gut.«

»Können Sie sich vorstellen, daß Sie in Ihrem Leben auch etwas anderes als Musik hätten machen können?« Er starrte einen Moment auf seine Hände.

»Wahrscheinlich würde ich mich mit Pflanzen und Blumen befassen. Die Ute sagte immer zu mir: Du brauchst nur eine Pflanze in die Hand zu nehmen, dann vertrocknet sie so schnell nicht. Offenbar habe ich wirklich ein Händchen dafür. Ich erinnere mich, daß ich einmal Blumen von einer Bühne mitgenommen habe, die schon ziemlich verdorrt waren. Ich habe sie zu Hause beschnitten, und es hat nicht lange gedauert, da waren sie wie neugeboren.«

»Sie sind ein Naturfreund?«

»Ich bin früher jahrzehntelang an die See gefahren, bis ich irgendwann einmal im Winter in den Bergen Urlaub gemacht habe. Seitdem fasziniert mich die Bergwelt. Die Berge sind wie eine Droge für mich.«

»Waren Sie schon einmal ernsthaft krank?«

»Ich war vor einigen Jahren herzgefährdet. Mein Herz hatte einige schwache Tage. Ich hatte zwar keinen Infarkt, aber es war so knapp davor. Seit dieser Zeit habe ich verbissen an mir gearbeitet. Dazu gehört auch, alles nicht so wahnsinnig zu übertreiben, das Rauchen, das Essen, das Trinken. Diese Einstellung betrifft auch meinen Job, den Streß, die Reiserei, die Spielerei. Ich versuche nicht mehr wie vorher dieses berühmte Straßenbahn-noch-kriegen-Wollen. Das mache ich nicht mehr.«

»Der Auslöser war diese Herzattacke?«

»Ja. Seitdem lebe ich bewußter. Ich versuche jeden Tag, zu genießen. Unter genießen meine ich jetzt nicht, mich besaufen. Ich freue mich über jede Blume, über jeden Bergfrühling, über jeden Sonnenuntergang. Und ich mache mir auch Gedanken, was meine Arbeit angeht. Zum Beispiel schreibe ich keine Kompositionen oder Arrangements, bloß um etwas hinzuschreiben, damit es eben fertig wird.«

»Das hört sich an, als ob Sie fast wunschlos glücklich wären.«

»Ja. Aber das gelingt natürlich nicht immer. Doch die Arbeit macht mir mehr Spaß als Essen, Trinken und Reisen.«

»Welche Wünsche haben Sie an die Zukunft?«

»Ich würde gerne einmal eine schöne, große Musikproduktion machen, wie es sie ja heute kaum noch gibt. Eine Produktion mit einem riesigen Streichersatz, live und direkt aufgenommen. Mit den besten Leuten. Das würde mir richtig Spaß machen.«

»Sie sind jetzt sechzig Jahre alt, da gehen andere Leute in Pension. Haben Sie schon mal daran gedacht, sich zur Ruhe zu setzen?«

Er hob etwas die Hände.

»Nein, nein. Ich bin zwar sechzig, aber ich fühle mich bedeutend jünger.«

»Trotzdem stellt sich die Frage, ob Sie den jüngeren Leuten modern genug sind.«

»Ich arbeite mit vielen jungen Leuten zusammen und kann von ihnen auch viel Neues aufnehmen. Das sind gute Musiker. Also: Was die Musik angeht, bin ich ziemlich auf dem laufenden. Ich folge modernen Tendenzen, bin jedoch nicht bereit, unter mein Niveau zu gehen. Falls mich die Leute wegen meiner Falten nicht mögen, so ist das ihr gutes Recht. Man kann aber auch mit solchen Falten neue Ideen haben.«

»Also keine Angst vor dem Alter?«

»Über diese Frage habe ich mich einmal mit dem Operettensänger und Schauspieler Johannes Heesters unterhalten. Da hatte er bereits die Achtzig überschritten. Jopi, wie fühlst du dich? fragte ich ihn. Seine Antwort: Das Alter ist nicht schlimm, wenn du gesund bist. Er hat recht. Natürlich ist da manchmal die Angst, durch eine Krankheit dahinzusiechen. Die hat wohl jeder Mensch. Aber ich kann mir nicht vorstellen, irgendwann einmal keine Musik mehr zu machen.«

»Paul Kuhn wird also auch als Opa swingen?«

»Und ob. Solange ich den Leuten nicht zu alt bin da vorne vor der Kamera und auf der Bühne. Solange sie meine Musik mögen, bleibt alles so, wie es ist.«

Unser Gespräch dauerte bis in die späten Abendstunden. Ich wußte nun schon ein bißchen mehr über Paul Kuhn. Später trafen wir uns noch viele Male, und ich erlebte ihn auch auf der Bühne in seiner gewohnten lässigen und swingenden Art.

Ich sah, wie die Leute auf seine Musik reagierten. Ich sah, wie sie im Rhythmus mit den Füßen wippten. Ich sah die Begeisterung in ihren Augen.

Ich war auch dabei, als er nach dem Konzert mit den Musikern noch in eine Bar ging und sie zu einem »Dämmertrunk« einlud.

Typisch Paul: Er war noch nicht eine Minute in dem Lokal, da hatte er auch schon einen duften Witz erzählt, und alle schüttelten sich vor Lachen.

So ging das dann bis zum frühen Morgen, und jeder

hatte immer das Gefühl: Wir wollen uns amüsieren, wir wollen noch einen trinken, wir wollen noch ein bißchen swingen.

In diesen Augenblicken mußte ich an einen anderen Mann am Klavier denken. Der Größte der Großen: Fats Waller. Mary Lou Williams schrieb über ihn, daß er immer einen Krug Whisky in seiner Reichweite stehen hatte und daß er nach allen Seiten mit seinem mächtigen Körper über den Klavierstuhl ragte.

Das kann man von Paul Kuhn wahrlich nicht behaupten. Er ist hinter dem Klavier kaum zu sehen. Und trotzdem ist er ein Riese, und ein Vergleich mit Fats scheint mir nicht an den Haaren herbeigezogen.

Auch wenn Fats spielte, ging mit den Zuhörern eine magische Verwandlung vor sich. Ihre Gesichter fingen vor Begeisterung an zu strahlen. Auch Fats hatte immer den neuesten Witz auf Lager. Und man weiß, wie groß sein Mundwerk war.

Ich bin sicher, wenn sich die beiden kennengelernt hätten, dann wäre die Post abgegangen. Denn sie haben menschlich und musikalisch vieles gemeinsam.

Eigentlich müßte ich jetzt zum Abschluß noch einen Witz von Paul zum Besten geben. Ich garantiere: Jeder Leser würde brüllen vor Lachen.

Aber ich tue es besser doch nicht. Ich überlasse es ihm. Paul kann es einfach besser als ich ...

SIEBZEHNTES KAPITEL

Air mail special

AUS DER
AUTOGRAMMPOST

»Mann, o Mann,
war det ne dufte Sendunk,
bin selba 'n alter Musikant, war Jeijer,
mußte aba den Beruf uffjeben, weil ma
die A-Saite jeplatzt is ...«

Sehr geehrter Herr Kuhn,
der Unterzeichner erinnert sich gerne an die Jahre
1946/47, als Sie noch den damaligen »Swingstars« als
Pianist angehörten. Ich glaube sagen zu dürfen, daß
besonders bei den älteren Jahrgängen Ihre Sendereihe
»Tanzmusik« nach den Vorbildern berühmter amerikanischer Swingbands zu machen auf lebhaften Beifall gestoßen ist.
Der bei Ihnen im Orchester eingesetzte Pianist ist zwar
eine große Begabung, jedoch würden wir es begrüßen,
Sie ab und zu selbst einmal am Piano Ihres Orchesters
erleben zu können.

Mit freundlichen Grüßen
Karlheinz Cordier

*

Lieber, werter Herr Kuhn,
Ich bewundere Sie immer wieder. Ihre Musik ist ausgezeichnet und auch ansonsten ist alles »in Butter«.
Einfach alles hat Hand und Fuß! Ich freue mich immer
auf Ihre Sendung. Man sagte immer, Kuhn ist teuer,
das mag sein, aber er ist auch gut, das sage ich. Ein
gelungener Schluß war es wieder am Samstag, wir
haben alles abgestellt und nur nach Ihrer Musik
getanzt. Phantastisch die Solisten, die ganze Mannschaft, der Dirigent Paul Kuhn!
Bravo lieber Paule, bravo!

Tschüs und winke, winke
Ihr F. Sommer

✳

Lieber Herr Kuhn!
Ihre Musik ist Labsal für Ohren des Jahrgangs 1926.
Miller, Goodman, Brown und all die anderen konnten
doch nicht einfach restlos in den Staub gebeatet worden sein. Diese fabelhaften Orchester, schon von der
Optik her ein Augenschmaus, verdienen solche Igno-
ranz nicht länger.
Sie bringen uns (wenn auch als Apfel im Tanz-Schlaf-
rock) orchestrale Delikatessen. Weiter so!
Erinnern Sie sich noch an das großartige Konzert im
Althoff-Bau in Frankfurt/Main kurz nach der Währungsreform? Zusammen mit dem Orchester Kurt
Edelhagen trat auch das Paul-Kuhn-Septett (richtig?)
auf. Man hätte Ihnen ja damals Ihren Franz v. Klenck
fast von der Bühne gerissen. Von denen, die damals
den Althoff-Bau fast auseinandernahmen, leben noch
viele. Die wissen, was Sie können.

Ihr
Dieter Rhode

✳

Herrn Paul Kuhn,
Paulchen, Sie sind der größte. Bitte weiter so. Es war
wunderbar: einen interessanten Krimi faul genossen,
und dann stramm 30 Minuten trimm dich.

Herzlichen Dank
Karl und Annemarie Tetzner

✳

Lieber Paule,
Mann, o Mann, war det ne dufte Sendunk, bin selba 'n
alter Musikant, war Jeijer, mußte aba den Beruf uffjeben, weil ma die A-Saite geplatzt is. Stamme aus eine
der vornehmsen Jejenden in Berlin, von Wedding, wo
man ja unsan jeflechten Dialekt noch paa Nüanksen
elejanter spricht. Wat mia bei Dein Orschesta besonders jefallen hat? Det die Trompetenblehsa immer
jenau hinta ihre Instrumente sitzen, det finde ick praktisch. Ooch Faz Zizero und Eujen Waller ans Klavier
ham mir jut jefalln, bloß der Bassist, Mensch, koof dem
doch mal 'n neuen Bass, der hat ja sein 'n mit Leuko-
plast zusammenjekleistert, wat macht det denn für 'n
Eindruck bei die Jeste, schehmt der sich denn nich?
Also nischt für unjut, hoffentlich haste 'n bißken je-
jringst üba meine Zeilen. Noch mal, Deine Musieke
war dufte und herzafrischend.

Mit freundliche Jrüße
Kurt Schönebeck

✳

Lieber Herr Kuhn,
haben Sie schon einmal von einem Pfarrer, einem noch
nicht ganz alten, aber älteren und seit einem Jahr

pensionierten Pfarrer, einen Dankesgruß erhalten? Ich kam heute Abend mit meiner Frau von einer schönen Fahrt durch den Pfälzer Wald zurück, schaltete den Fernseher ein und sah Ihre Boogie- und Blues-Tanzparty. Ich hätte so gern mit meiner Frau zu Hause getanzt, aber: Ich habe nicht tanzen gelernt ... Aber bei Ihrer Musik würde ich mir zutrauen, mit meiner Tochter (23) sogar einen Boogie aufs Parkett zu legen! Also, es war eine Freude!

Karl Handric
Pfarrer i. R.

✳

Lieber Paul Kuhn!
Die gesamte Familie liebt Ihre Musik, auch die Kinder, 16 und 14. Ein größeres Lob gibt es doch kaum – oder? Bleiben Sie immer der alte Paul Kuhn, so wie Sie bisher waren, mit Format und Niveau!

Mit besten Wünschen
Ruth Karthee

✳

Paul!
Sie waren eine Wucht! Einfach einsame Klasse! Wie Sie mit leichtem Händchen die Bild- und Wortpointen setzten, wie Sie sich bewegten, als ob Sie ein Leben lang Schauspieler gewesen wären, wie Sie Ihr grandio-

ses Orchester mit einem heiteren Augenzwinkern durch alle Engpässe führten, das war eben einmalig. Ich hätte nicht nur stundenlang zuschauen mögen, nein, dabei zu sein wäre mein Traum gewesen.

Das ist der erste Brief in einem langen Rundfunkleben, den ich nach einer Sendung schreibe.

Das wollte ich Ihnen sagen.

In alter Freundschaft grüße ich Sie
Ihr
Dr. Werner Kleine

✳

Paulchen,
ach, war dett schöööööön!!!
Dank, vielen Dank, das war ein Labsal (nach den vielen Krimis und anderen Wiederholungen).
Ich saß recht gemütlich zu Hause und dachte, ich bin mit auf dem Dampfer mit Paulchen.

Komm bald wieder, Paulchen!
Frau K. Hankel (72)

✳

Lieber Paul Kuhn,
zum hoffentlich nur vorläufigen Abschluß der Sendung Tanzmusik möchte ich Ihnen und Ihrem großartigen Swing-Orchester meinen Dank und Anerkennung aussprechen. Wir sind alle begeistert, sobald Sie

auf dem Bildschirm erscheinen. Nur vergleichbar mit
Tommy Dorsey, Glenn Miller, Benny Goodman ect. Sie
müssen wiederkommen.

Mit herzlichen Swing-Grüßen
Ihr
Richard Ritter

Bitte mehr Paul Kuhn!
Mit freundlichem Gruß
Lieselotte Sohst

Mittwoch, 5. 4. 1973 – 22 Uhr 10
Vielen herzlichen Dank für dieses halbe Stündchen
Musik. Die Melodien waren herrlich – das war Musik!
Orchester und Solisten einfach Spitzenklasse.
So spielt eben nur »Paulchen Kuhn«!
Bitte weiter so – und in Zukunft viel länger!

Nochmals vielen Dank und freundliche Grüße
Ihr
H. R.

Lieber Herr Kuhn,

sicher, ich kenne Sie schon länger als Sie mich. Natürlich haben Sie eine Menge versäumt, zumal Sie der erste Star (mögen Sie das Wort?) sind, an den ich vor lauter Begeisterung schreibe. Frau eines Theologen (44), das ist doch albern! Falls Sie das nicht finden, so will ich Ihnen sagen, daß Sie fabelhaft waren!

Glenn Miller war und ist mein Star. Nach ihm haben die Piaf und Carlos Jobim nun eine Menge zu sagen. Der große Rest ist Chopin. Es brahmselt auch häufig hier.

Von Glenn Miller habe ich noch eine alte und zerbrechliche Aufnahme. Man hat schon öfter versucht, sie mir abzujagen.

Übrigens ich hatte eineinhalb Jahre Gesangstunde, aber meine berühmte Lehrerin merkte, daß ich keine Noten lesen konnte. Sie hat mich beinahe mit dem Waffenschmied erschlagen.

Ach so, da fehlt noch die konstruktive Kritik. Ihr Gesang war eine maßlose Frechheit. Sie hätten nur ihr Gesicht sehen sollen. Die Kopie war einfach umwerfend. Da konnten Sie sich am Ende ein Stück von »Paulchen« richtig leisten. Der ist nämlich auch gut.

Mein Beruf: Fachlehrerin für Englisch und Deutsch. Jetzt noch Religionslehrerin für Lernbehinderte und Sprachgeschädigte. Ob Sie wohl auch so einen langweiligen Religionsunterricht hatten? I'm almost positiv!

Viel Glück! Einfach das wünsche ich Ihnen
Ihre Lu S.

*

Lieber Herr Kuhn,
als alter Jazzfreund darf ich den Big-Band-Swing ja
sonst nur noch als »Konserve« von alten Platten genießen. Sie haben es aber fertiggebracht, ihn wieder live
zu bringen, und dies wirklich einmalig. Das war keine
Reproduction, wie man sie sonst schon mal hört, sondern lebende Musik. Sie haben die Band wahrhaftig
zum Swingen gebracht.
Tun Sie das doch bitte noch recht oft, wenn's geht.
Swing it, brother swing it!

Ihr Dr. med. Eberhard Fricke

✱

Lieber Paul,
laut »Hör Zu« sollte die gestrige Swing-Party »Im
Resi« die letzte Sendung dieser Art sein – sie war
jedoch »so dufte«, daß es unverzeihlich wäre, in dieser
Art und möglicherweise mit doppelter Sendezeit nicht
weiter zu swingen.
Das Echo wird groß sein – nun hat auch die Mehrzahl
der Fernsehzuschauer einmal das Gegenteil vom bisher üblichen Diskotheken-Lärm sehen und hören können – nämlich einen sehr duften Saxophonsatz, eine
unübertreffliche Bass-Section, eine swingende Rhythmusgruppe, einen Klasse-Chor und nicht zuletzt einen
Super-Refrain-Sänger und Bandleader.
Wann??? hören wir »Germanys King of Swing« und die
SFB-Big-Band life in Hamburg?

Mit freundlichen Grüßen
Dieter Beckers

*

Sehr verehrter Herr Kuhn,
die gestrige Sendung »Music of Benny Goodman« hat
mich buchstäblich von den Stühlen gerissen. Ich habe
das sogenannte Goldene Zeitalter der Big-Bands ja aus
eigener Anschauung erlebt. Als Jüngling habe ich alles
Geld, was ich hatte, zusammengekratzt, und in den
USA Gastspiele von Glenn Miller, Tommy Dorsey,
Benny Goodman und Harry James gesehen. Als Gefan-
gener des Afrikacorps landete ich wieder in den USA
und hörte die gleichen Kapellen wenigstens jahrelang
täglich im Radio bzw. Glenn Miller mal auf einer
Truppenbetreuungsshow.
Niemals wieder hat es eine solche Musik gegeben, im
mitreißenden Drive unwiderstehlich, Tanzmusik ein-
fach par excellence. Natürlich bin ich ein Fan dieser
Swingmusik für Lebenszeit geblieben.
Mit mir wünschen sich viele ein Comeback dieser
Musik. Könnte das nicht von Deutschland ausgehen?
Paul Kuhns Big-Band ist die richtige dazu!
Es fing an, daß man Glenn Miller nachempfand. Viele
haben es seit 1942 versucht, aber richtig erreicht hat
ihn niemand.
Paul Kuhn kam auch Glenn Miller am nächsten!
Wie macht man so etwas nur? Ich glaubte meinen
Ohren nicht!
Hat man die Originalbesetzung genommen, und Origi-
nalarrangements aus den USA beschafft?

Hätte ich es nicht im Fernsehen mit eigenen Augen erlebt und auch gehört, ich würde an Tricks glauben. Diese Naturtreue ist einfach unfaßbar.
Das war der »King of Swing«, wie er leibte und lebte und spielte.
Wir Fans haben uns jahrelang Auslandsplatten gekauft. Wie wäre es, wenn die Welt einmal deutsche Platten kaufte?
Paul Kuhn, der neue Revival King of Swing!
Er schafft es und ist auf dem besten Wege.

Ich danke Ihnen für diese Show!
Karl H. Delpy

*

Antwort an Paul Kuhn!
Ob mir Ihre Sendung gefällt?
Yes!
Ich nieste kräftig aus meinem Sessel ins Zimmer! Sie antworteten prompt: »Guten Abend.«
Herrlich, gelle?
Ihre Blödeleien sind köstlich. Ihre Musik kommt an wie eh und je.
Keine krummen Fragen bitte: Bin 61 Lenze.

Schönen Gruß
Margarete Nölte

*

ACHTZEHNTES KAPITEL

Please, don't talk about me

IM SPIEGEL DER PRESSE

»Kuhns Stärke liegt im Arrangement.
Er schafft es, das leichte,
das swingende Element
überall herauszufiltern,
ohne ins Seichte abzugleiten ...«

DIE ZEIT, 5. März 1971:

Nicht nur Bier am Klavier
Der Party-Macher Paul Kuhn

✳

KÖLNER STADTANZEIGER, 2. September 1971:

Preis für Pauls Party

Berlin – Mit der »Goldenen Kamera« für überragende
Leistungen im deutschen Fernsehen sind Dieter Finnern für die Regie der Showserie »Pauls Party« und
Paul Kuhn als Gastgeber dieser Sendung ausgezeichnet worden.

✳

FRANKFURTER RUNDSCHAU, 26. Januar 1972:

Von allein ändert sich nichts

Berlin – Er hat eine regelrechte richtige Rede gehalten.
Oder doch mindestens vorgetragen – Paul Kuhn, seines
Zeichens brillanter Jazzpianist, Bigbandboß und Plau-
derer in »Pauls Party«. Die Rede hat zwar sein
geschickter Schauschneider Dieter Finnern verfaßt,
und in dieser Rede anläßlich der Verleihung der »Goldenen Kamera« gibt's auch adrett verpackte Kritik-
chen, so etwa an die Bibel für Geschmacksunsichere
namens Infratest. Es kommt der bemerkenswerte Satz

200

vor ... »Bei Intendanten kann man also nach Sendungen nichts über Sendungen erfahren.«

Kuhn spricht am Ende von den Konsumenten, »die Unterhaltung im Fernsehen ... oft ernster nehmen als die Produzenten. Umgekehrt wäre es besser.«

Sicher. Aber hat Finnern hier Kuhn nicht eine so halbanalytische Schlampigkeit heruntersagen lassen? Nimmt das Publikum die Unterhaltung denn wirklich ernst? Ist es nicht so zu formulieren: Das Publikum hängt beängstigend zäh an solchen Unterhaltungsformen des Fernsehens fest, die sich auf einer Geschmackstalsohle niedergelassen haben, wo es sich allabendlich bequem dahindösen läßt ...

KÖLNER STADTANZEIGER, 14. Februar 1972:

Abschied von Paul

Berlin – Paul Kuhn, Musiker mit Showtalent zieht sich für eine Weile zurück. Heute abend präsentiert er seine letzte Party, eine Fernsehsendung, die mehr Anhänger hatte, als mancher dachte. Die Kritik nahm selten Notiz von der Show, aber wenn sie erwähnt wurde, dann meist wohlwollend.

Einer schrieb, Kuhn würde nette Belanglosigkeiten mit Charme servieren und beherrsche die Kunst, unaufdringlich, aber groß zu sein ...

EXPRESS KÖLN, 8. September 1973:

Goldtaktstock für Paul Kuhn

Berlin – Seine Schallplattenfirma, EMI Electrola, ehrte Paul Kuhn für zwanzigjährige Zusammenarbeit mit einem goldenen Taktstock, da er über seine vielseitige Arbeit als Dirigent, Komponist, Arrangeur, Produzent, Pianist und Sänger stets der Schallplatte treu geblieben ist. Paul Kuhn nahm in Berlin den goldenen Taktstock von Michael Schanze entgegen.

✳

KÖLNISCHE RUNDSCHAU, 10. Oktober 1972:

Senkrechtstart eines Armen Hascherls
Paul Kuhns »Fanny Hill« im Revier

Gelsenkirchen – Wenige Wochen nach dem Bochumer Theaterengagement von Falladas »Kleiner Mann – was nun?« zog die korrespondierende Revierbühne einen ebenso umfangreichen Stoff an Land: Es ist die rührend schöne Geschichte der Fanny Hill, die in der ersten Hälfte des 18. Jahrhunderts als verwaistes kleines Mädchen nach London kommt und später als Liebesverkäuferin aus ihren horizontalen Episoden einen veritablen Senkrechtstart macht.
Paul Kuhn, Bandleader des SFB-Tanzorchesters, schrieb und leitete die leicht eingängige, gut singbare Musik ...

EXPRESS KÖLN, 21. März 1979:

Paul Kuhns Räuberstory

»Schinderhannes« jetzt auch als Musical: Paulchen
Kuhn, der renommierte Bandleader, hat die Legende
um den hessischen Räuberhauptmann vertont. Am
31. März wird das Stück am Badischen Staatstheater
Karlsruhe uraufgeführt.

KÖLNER STADTANZEIGER, 1. Juli 1980:

Blauer Brief für Kuhn

Ist es mit Paul Kuhns »SFB-Bigband« jetzt für immer
aus? Alle 18 festangestellten Musiker der Starband
erhielten ihre Kündigung. Ein Berliner Geschäftsmann hatte die Musiker für jährlich 2,7 Millionen
Mark an den SFB vermietet. Immerhin verschlingt die
Miete für die Band mehr als 60 Prozent des SFB-
Unterhaltungsetat. Auch Paul Kuhn erhielt den blau-
en Brief.

*

KÖLNER EXPRESS, 27. Februar 1981:

Pech bleibt Paulchen treu

Paul Kuhns Pechsträhne reißt offenbar nicht ab: Nachdem ihm sein »Haussender« SFB das Orchester zusammengestrichen hat, um Geld zu sparen, fiel »Paulchen« auch mit seiner neuen »Gong Show« durch. NRD-Unterhaltungschef Regnier: »Wir hören nach der vierten Folge auf.«

SONNTAG EXPRESS, 9. Juli 1981:

Paulchen Kuhn am Rhein musikalisch neugeboren
Mit neuer Band will er nun neuen Ruhm

Für Paul Kuhn ist die Welt wieder in Ordnung. In jeder Beziehung. Ein neuer Plattenvertrag, eine neue Band, eine Menge neuer Ideen, eine musikalische Weggefährtin, mit der er, wie er sagt, »auch privat ausgezeichnet harmoniert« –, und seit Mai eine neue Heimat ... Es wird bald einen ganz neuen Kuhn geben ...

Leicht statt seicht
Jazzkonzert mit Paul Kuhn in der Philharmonie

Evergreens, vornehmlich der Swing-Ära, gehen bei Paul Kuhn und seinem Ensemble offenbar in Serie: zum zweiten Mal in diesem Jahr servierte der Pianist, Arrangeur und Sänger Jazz-Pops – wie er sie nennt – in der Kölner Philharmonie. Kuhn und Bigband wandelten auf dem schmalen Grat zwischen orchestralem Jazz und Jazzverwandtem sicher dahin. Es swingte, der Improvisation war Raum geschaffen, Tonbildung und Phrasierungsweise standen in der Tradition bester Swingensembles. Freilich, wie gesagt, die Grenzen sind fließend, besonders wenn Paul Kuhn singt, oder besser, singend parliert.

Er tat es in seiner gewohnten lässigen Art. Fließend sind sie auch, wenn Kuhn als Pianist den Hauptpart spielt und sich einer Komposition wie Duke Ellingtons »Prelude To A Kiss« stellt: sehr sparsam und linear in der Thema-Vertiefung, komplexere Harmoniegerüste dabei außen vor lassend. Über die turnten Pianoartisten nun schon zuhauf, was soll's? Kuhn hielt es mit Ellington in dessen Funktion als Orchesterchef, er beschränkte sich auf das Notwendigste.

Und er hielt es mit Ellington, orchestralen Sound um den Solisten zu ranken, ihm also die Gestaltung des Stückes zu übertragen. Glänzende Beispiele dafür waren: »You'd Be So Nice To Come Home To« (ein Paradestück für Posaunist Jiggs Whigham) und »Come

Sunday« (wo sich Trompeter Rolf Ericson in Szene setzte).

Paul Kuhns Stärke liegt im Arrangement. Er schafft es, das leichte, das swingende Element überall herauszufiltern, ohne ins Seichte abzugleiten. Er fügt die instrumentalen Stimmen und Satzblöcke geschickt zusammen und arbeitet mit ostinaten Figuren, die sich durch die Melodien winden. Die Stücke sind meist kurz, kommen schnell auf den Punkt und werden nie zu Tode interpretiert. Gäbe es eine musikalische Belletristik: bei Kuhn wäre der Begriff anzuwenden.

Das tragische Leben der großen Schauspielerin

Als Band mit der Bestellnummer 61 122 erschien:

Am 29. Mai 1982 starb in Paris Romy Schneider. Damit fand eine Karriere, die in den 50er Jahren mit den Sissi-Filmen wie ein Märchen begonnen hatte, ein tragisches Ende.